L'AFFAIRE MIQUE

DU MÊME AUTEUR

———

Un Conspirateur universitaire : François Chauvet. Éditions de la Revue Politique et Littéraire et de la Revue Scientifique, 1908.

Le Marais et Alphonse Daudet. Publications des Rosati Picards, Amiens, 1908.

Les Logis et les Étapes de l'Enseignement secondaire a Montluçon (1413-1880), Publications des « Amis de Montluçon », 1913.

Le Couvent de la Reine a Versailles. Préface de L. Hautecœur. Ouvrage illustré de 44 gravures dont 5 plans. Laurens, 1923.

ALFRED HACHETTE

L'AFFAIRE MIQUE

(1745-1794)

PARIS

LIBRAIRIE ACADÉMIQUE

PERRIN ET Cie, LIBRAIRES-ÉDITEURS

35, QUAI DES GRANDS-AUGUSTINS, 35

1928

Tous droits de reproduction et de traduction réservés pour tous pays.

L'usurpation d'état civil exige tant de présence d'esprit, de ténacité et de chance, qu'elle nous paraît relever essentiellement du roman. Les faux Dauphins, qui opéraient dans les coulisses de l'Histoire, ont pu flatter notre crédulité indulgente, et soutenir avec plus ou moins d'aisance des prétentions qui ne lésaient aucun intérêt particulier. Le plus avisé d'entre eux exerçant son industrie dans la vie privée, à propos de biens roturiers tombés en déshérence, eût tôt ou tard appris à ses dépens que le Code civil n'a pas prévu le droit à la fantaisie. Nous n'admettrions jamais que, sous nos yeux, un aventurier en chair et en os, vaguement instruit de la biographie d'un officier disparu en temps de guerre, pût exercer une persécution de vingt années sur une famille obstinée à ne pas le reconnaître, s'imposer à l'opinion complaisante, trouver des protecteurs dans les Chambres et au Conseil des ministres, faire agir des membres du corps diplomatique, berner le Premier Président et le Procureur Général, harceler le Chef de l'Etat.

Tel est pourtant, traduit en notre langage moderne, le thème de l'Affaire Mique ; affaire étrange, bien oubliée, mais qui passionna en son temps Nancy et Versailles, intrigua la cour frivole de Marie-Antoinette, et conduisit à l'échafaud révolutionnaire sa victime, l'auteur trop peu connu du Hameau de Trianon.

L'AFFAIRE MIQUE

I

LES DÉBUTS DE L'IMPOSTURE ET LES TRIBUNAUX LORRAINS

Une dynastie de grands bourgeois, celle des Mieg, paraît avoir acquis de bonne heure la notoriété en pays rhénan ; dès le milieu du xve siècle, elle possédait déjà des « lettres d'armes », et, par conséquent, des armoiries. Le *Livre d'Or de la Ville de Mulhouse* constate que la famille s'est divisée en plusieurs branches. Il y a des Mieg en Alsace, et nous savons quelle place ils ont conquise aux premiers rangs de l'industrie française ; il y en a dans le Palatinat et dans la région bâloise. Le

Livre d'Or passe sous silence la branche lorraine, celle des Mique, qui, à Lunéville ou Nancy, de l'aveu même des représentants de la branche principale, se rattache aux grands ancêtres alsaciens.

Les Mique lorrains, vivant de leur travail, perdant, comme on le verra dans la suite, jusqu'au souvenir du privilège conféré à leurs cousins demeurés en terre d'Empire, semblent s'être confinés, dès la fin du xvii° siècle, dans le monde du bâtiment. Ils s'y font rapidement une place, et s'y affermissent par leurs alliances. Remarquons en passant qu'une ère de prospérité s'est ouverte pour les architectes, les entrepreneurs et les maçons de Lorraine. Léopold reprend, dès 1703, les plans à longue échéance conçus par les ducs ses prédécesseurs pour doter Nancy d'une ville neuve. Quant au bon roi Stanislas, que le traité de Vienne y pourvoit d'une confortable retraite quelque trente-cinq ans plus tard, nul n'ignore sa réputation de souverain grand bâtisseur.

Simon Mique, le premier de la famille, sort de la médiocrité des artisans obscurs en s'assurant la clientèle et la protection du nouveau maître des États lorrains. Orphelin de bonne heure, recueilli et élevé par Cléret, l'architecte du duc Léopold, son parent par alliance, il a cinquante-trois ans sonnés et s'est marié deux fois quand Stanislas, après quatre mois d'hésitations, se décide enfin à faire son entrée dans la bonne ville de Nancy. Sa première femme, Françoise Royal, fille d'un maître charpentier, morte depuis onze ans, lui a donné six enfants. Un seul, Claude-Nicolas, a survécu ; il achève sa seizième année, et a tout l'air de se sentir dépaysé au milieu d'artisans laborieux et casaniers, préoccupés de bien gouverner leur maison et d'édifier leur aisance. Les voisins, ils le donneront à entendre plus tard, sentent vaguement que ce grand garçon n'est pas tout à fait de leur espèce. Le plus hardi d'entre eux n'eût jamais imaginé que Claude-Nicolas Mique tomberait à vingt-trois ans, officier d'une troupe d'élite, face à la mitraille anglaise, sur le pont d'un vaisseau du roi — et qu'au bout d'un demi-siècle sa vie et sa mort serviraient encore de prétexte à d'interminables discussions dans les gazettes et devant les tribunaux.

C'est même à cette infortune que nous devons de connaître les principaux épisodes d'une existence si courte, et d'en deviner quelques autres. Enfant de la balle, bien apparenté dans le monde des entrepreneurs, il devait, en toute vraisemblance, y faire paisiblement sa fortune. Sa famille le dirigeait dans cette voie ; il avait étudié l'architecture et reçu à Strasbourg, en même temps que Richard Mique, son frère, issu d'un second mariage, les leçons d'un parent, le sieur Barbier, inspecteur des lignes d'Alsace, dessinateur et géographe des places de la dite province. De bonne heure, il conduisit des travaux au château royal de Lunéville ; en 1743, il obtenait l'entreprise de l'église paroissiale de Rosières-aux-Salines. Intéressants débuts de carrière pour un tout jeune homme ; d'autres faits, cependant, laissent présumer qu'il ne se tenait point pour satisfait de la stéréotomie et des lavis à l'encre de Chine. Le 14 mars 1740, sortant à peine du collège, il s'était engagé au régiment de Rohan Infanterie ; coup de tête de grand enfant, car les sergents recruteurs ne trouvaient point d'ordinaire leurs clients parmi les fils de la bourgeoisie — on connaît les préjugés du bon vieux temps en cette matière — et le crédit de sa famille obtenait sa libération le 20 août suivant. Les mauvaises langues de la province répétèrent, au cours d'enquêtes ultérieures, que *Dadiche* (c'était son sobriquet de gamin) ne s'entendait pas toujours avec sa belle-mère, Barbe Michel. Avait-il résolu d'échapper au foyer paternel, après quelque discussion orageuse ? Cédait-il au démon familier de l'aventure, qui tourmente tant de jeunes âmes ? Son signalement militaire, qui date de sa dix-huitième année, le dépeint comme un gaillard de 5 pieds 2 pouces et 7 lignes, aux cheveux châtains, aux yeux roux. Ses noms de guerre, — la Jeunesse, dans les chantiers de construction, la Victoire au régiment, — n'avaient point l'allure mélancolique. Au fond, nous ne devons pas être très éloignés de la vérité en concluant que le jeune architecte sentait en lui l'étoffe d'un soldat.

Sans que nous sachions au juste comment ni pourquoi, l'année 1745 devait séparer à tout jamais Claude-Nicolas Mique de son foyer lorrain, et combler ses vœux en offrant à ses

jeunes ambitions une satisfaction inespérée.
M. de Maurepas, encore aux affaires et à la faveur, méditait en ce temps-là une entreprise
hardie, que l'on espérait funeste à l'impéria-
lisme anglais : le débarquement en Ecosse du
prétendant Charles-Edouard. Il préparait à
Dunkerque, terre classique des vieux loups de
mer entraînés à la guerre de course, l'expédition chargée de réaliser discrètement cette périlleuse conception. Une compagnie dite « des
Volontaires de Maurepas », composée « de tous
gentilshommes ou gens vivant noblement »,
devait s'attacher à la personne du prince, pro-
téger sa descente et lui servir de garde d'honneur. En cas de succès, qu'aurait pu refuser à
ces partisans de la première heure, le roi présumé d'Angleterre ? Les cadets de l'ancien
régime s'avouaient friands de tels risques, et
nous pourrions nous étonner que l'héritier
d'un simple architecte ait été, d'emblée,
pourvu d'un brevet de premier sous-lieutenant
dans cette compagnie privilégiée. Mais Simon
Mique passait pour un serviteur favori du roi
de Pologne ; les jésuites polonais de la cour
lorraine comptaient à Versailles des correspon-

dants puissants ; le bon Stanislas prenait plaisir à obliger ses fidèles ; M. de Maurepas lui-même ne pouvait rien refuser à la reine Marie Leczinska. Claude-Nicolas partit donc pour Paris, en compagnie de son jeune frère Richard, âgé seulement de dix-sept ans, mais chargé peut-être de le préserver contre les tentations de la grande ville.

L'expédition, vouée à l'échec final que l'on connaît, et conçue avec un certain mystère, n'a pas laissé beaucoup de traces de son existence, et nous ignorerions probablement, sans l'affaire Mique, les espoirs fondés sur la compagnie des Volontaires de Maurepas. Les Archives de la Marine nous révèlent pourtant que le vaisseau du roi l'*Elisabeth*, de soixante-quatre canons, armé en course, prit à son bord un certain nombre d'entre eux ; les rôles de l'équipage mentionnent un commandant (le chevalier de Lancize), un capitaine en second, un major, deux lieutenants, deux sous-lieutenants, un maréchal des logis, trois brigadiers, quatre sous-brigadiers et vingt-cinq volontaires. Claude-Nicolas Mique faisait partie de ce contingent ; la moitié de ses nouveaux camarades y figurait avec un titre ou une particule.

L'*Elisabeth* quitta le port de Brest le 12 juillet 1745, et fit voile vers Belle-Isle-en-Mer, où l'attendait le prince Charles-Edouard. Convoyant la petite frégate de dix-huit canons qui portait le prince, elle était parvenue à la hauteur des îles Sorlingues quand elle rencontra dans la matinée du 20 juillet le *Lion*, garde-côte anglais de soixante-quatorze canons. La lutte fut sanglante, et dura jusqu'à minuit. La relation de l'officier en second, qui prit le commandement à la mort de son chef, tué par un boulet, a été publiée dans le *Mercure de France* du mois d'août 1745. Sommairement initiés par le malheur des temps aux péripéties de la guerre navale moderne, qui tourne à la catastrophe avec une rapidité brutale, nous ne comprenons plus, qu'à la réflexion, les lenteurs savantes de ce combat d'autrefois. Les manœuvres d'approche sont méthodiques et prudentes ; on aperçoit l'ennemi à neuf heures du matin, et c'est vers midi seulement qu'on hisse le pavillon français, assuré d'un coup de canon à boulet. Le garde-côte fait partie d'une escadrille ; le commandant de l'*Elisabeth*, en fin corsaire, tire des bordées assez habilement pour qu'il prenne la chasse, confiant en ses soixante-quatorze canons, et peu à peu se trouve trop loin des siens pour en attendre aide ou secours. Le *Lion* s'aperçoit de son imprudence, et se met en panne. L'*Elisabeth* en fait autant ; « nous restâmes une demi-heure à nous entre-regarder ». Diverses feintes prolongent l'attente jusqu'à trois heures et demie ; alors seulement on laisse l'Anglais s'approcher « jusqu'à portée du fusil », et l'engagement commence. La mousqueterie des nôtres oblige bientôt l'ennemi à chercher un abri dans ses entreponts, et même à fermer ses batteries. C'est un premier avantage qui complique et ralentira ses manœuvres ; chaque canon devra être démasqué au moment précis où la pièce est prête à faire feu. Par malheur, les agrès de l'*Elisabeth* ont été hachés par l'artillerie anglaise ; les grappins sont parés, mais on ne peut plus accoster le *Lion* pour un combat d'abordage. C'est alors, presque à bout portant, un échange furieux de mitraille jusqu'à onze heures du soir. Il devient évident, après quatre heures de lutte, que l'Anglais faiblit ; il ne tire plus « que quatre à cinq coups ensemble », ce qui révèle que les servants, décimés, sont obligés de passer d'un canon à l'autre. Il tente de communiquer au porte-voix. Ses avances, malgré nos pertes, sont froidement accueillies ; « il méritait d'autant moins de quartier qu'il n'est sorte de mitraille défendue par les lois de la guerre, épingles, aiguilles, culs de bouteilles, artifices accompagnés d'hameçons pour incendier les voiles, dont il n'ait usé. » Le *Lion* se rend enfin. Succès illusoire, car l'*Elisabeth*, qui avait perdu son gouvernail et toutes ses embarcations, ne put amariner le vaincu. On s'aperçut, à l'aube que, masquant ses feux, il s'était échappé. La retraite du Prétendant était du moins couverte ; il avait pris le large, lui aussi, à la faveur de l'obscurité.

L'engagement coûtait à notre vaillant navire plus de cinquante morts, dont le commandant, et plus de cent blessés. Quant aux volontaires de Maurepas, « qui ont fait des prodiges », dit le rapport officiel, ils payaient chèrement ce baptême du feu : leurs deux lieutenants, leurs

deux sous-lieutenants, trois volontaires; se
trouvaient au nombre des morts, et ils comptaient dix-sept blessés. C'était beaucoup pour
une poignée d'hommes. Le chevalier d'Estimonville, maréchal des logis, rendit les honneurs d'usage à ses camarades dont les restes
furent jetés à la mer, lestés d'un boulet ; l'écrivain du roi, M. de Linois, inscrivit au rôle
d'équipage une brève apostille en marge des
noms de tous ces braves. Puis l'*Elisabeth*,
voiles incendiées, agrès hachés par la mitraille,
plus de cent coups de canon reçus en plein
bois dans sa coque, remit le cap sur Brest ; elle
y arriva le 27 juillet par ses propres moyens,
sans avoir rencontré aucun bâtiment qui pût
lui prêter secours. On porta les blessés à l'hôpital ; le navire entra à l'Arsenal et « fut mis
dans une forme pour être réparé » ; les rôles de
l'équipage furent déposés au bureau des armements, et l'amirauté se mit en mesure d'avertir
les familles de ceux qui avaient succombé:
Onze matelots désertèrent, le navire une fois
en rade.

« Tué au combat le 20ᵉ juillet 1745 » ; telle
est la formule uniforme qui, comme une épi-

taphe, signale aujourd'hui, dans les archives de la Marine, ces victimes françaises de la cause des Stuarts. Seul, un officier, le premier sous-lieutenant Mique, se distingue au rôle d'équipage de l'*Elisabeth* par des annotations répétées. « Donné un extrait mortuaire le 7 novembre 1773. Idem du 20 janvier 1775. Autre du 1" mars, visé de M. l'Intendant. Autre du 29 mars 1784, id. » Pourquoi ces démarches réitérées, cette curiosité posthume qui vient, trente et quarante ans après la bataille, réveiller la mémoire du disparu ? C'est qu'un drame de famille, dont le combat du 20 juillet 1745 fut le prologue, se cache sous ces brèves formules d'expéditionnaires ordonnés.

La mort du sous-lieutenant Mique émut sans doute la province lorraine ; mais elle éveilla aussi sa curiosité. Claude Mique, décédé *ab intestat*, était, avons-nous dit, le fils d'un premier mariage ; le frère et la sœur de Françoise Royal, sa mère, firent valoir leurs droits à la succession. Comme Simon Mique était remarié depuis 1727, il s'agissait de fixer la part qui revenait à Claude dans la liquidation de la première communauté, pour laquelle il n'avait pas été dressé de contrat. On ne put s'entendre à l'amiable, et le bonhomme, qui prétendait bien ne pas se laisser dépouiller, plaida. Condamné au bailliage de Lunéville le 7 juin 1746, il fit appel et n'eut pas plus de succès devant la cour souveraine de Nancy, qui confirma la première sentence le 17 février 1747. Dans les villes où tout le monde se connaît, on ne laisse pas volontiers échapper, sans en profiter, une belle occasion de savoir ce qui se passe chez le voisin ; des ouvriers — et ce détail est à retenir —ne restent pas indifférents aux affaires et aux ennuis de leur patron. Le public savait bien que l'entrepreneur était à son aise ; on eut, aux audiences, des détails plus précis sur sa fortune ; on apprit, du moins, que le pauvre « la Jeunesse » possédait des biens propres qui lui venaient de sa mère. Même, il ne serait pas impossible qu'on se fût préoccupé incidemment d'une autre question au cours de ces deux procès. La mort de Claude Mique était le fait essentiel de la cause ; or, il n'avait pas été dressé d'acte de décès qu'on pût régulièrement verser aux débats. Une annotation marginale au rôle d'équipage en tenait lieu. Telle était la coutume des gens de mer, assez nouvelle pour les oisifs de Lunéville et de Nancy ; nous verrons d'ailleurs que par un singulier hasard le rôle de l'*Elisabeth* manquait vraiment de précision, et qu'il fallut un arrêt du Conseil d'Etat, rendu le 21 mai 1779, pour en proclamer la valeur légale. En tout cas, quand Simon Mique mourut en 1763 — malade depuis cinq années déjà — on prétendit qu'il avait oublié le décès de Claude. Il s'imaginait parfois que son fils aîné voyageait à l'étranger ; illusion assez vraisemblable, que ne venait contredire dans la cervelle affaiblie de cet octogénaire aucun souvenir d'une réalité précise.

Plus voisin de l'artisan que de l'architecte, et « premier auteur de sa fortune », comme l'avouera un mémoire de 1778, Simon Mique, au terme de son dur labeur, pouvait du moins se dire en toute assurance que sa lignée ne péricliterait point. Des dix enfants issus de ses deux mariages, quatre seulement avaient survécu : deux filles et deux fils. Jean-Baptiste Mique, officier au régiment de Polignac, devait mourir sans postérité peu de temps après son père. Richard Mique était déjà voué à une carrière brillante, traversée et close il est vrai par de si injustes disgrâces, que nous ne savons trop si nous devons admirer la chance méritée de l'artiste ou déplorer l'infortune de l'homme privé.

Confiné toute sa vie en terre lorraine, Richard Mique n'eût certainement pas été l'architecte « digne de plus de gloire » distingué par M. de Nolhac en cette société de Marie-Antoinette, dont il a évoqué le charme avec tant d'érudition et de bonheur. Elève de Héré, après avoir suivi l'enseignement de Blondel, il travaille sous les ordres du maître qui dresse, dans la pierre et dans le marbre, le décor harmonieux de Nancy ; il met la main au Palais du Gouvernement, à l'Hémicycle qui lui donne si joliment accès, aux deux pavillons qui le raccordent à la Carrière. Initiation privilégiée, où le jeune architecte cultivera le goût de la ligne pure, et que domine, comme une inspiratrice, la grâce raisonnée de Boffrand. Mais comment

se distinguer encore, quand Héré disparaît
après avoir achevé son œuvre, et quand il re-
cueille sa succession ? Il ne reste plus que des
travaux d'entretien ou de médiocre ampleur,
et qui ne forceront point l'attention du visiteur
dans le trésor d'art de Nancy. Trois monuments, fort intéressants il est vrai, fixeront le
souvenir de Richard Mique dans sa ville na-
tale. Deux portes de l'enceinte disparue du
XVIII° siècle, placées sous l'invocation de sainte
Catherine et sous celle de saint Stanislas, nous
rappellent la protection royale qui encouragea
ses débuts. Petits arcs de triomphe élégants et
sobres, trahissant déjà l'adepte des formules
néo-classiques, ces deux portes procèdent d'un
même style et d'une même conception. A l'extérieur, des motifs guerriers : trophées, cui-
rasses, boucliers, armes, étendards, emblèmes
à la romaine taillés dans la pierre comme autant
d'avertissements à l'agresseur. Du côté de la
ville, le décor s'inspire d'allusions plus directes
aux personnes et aux circonstances. La porte
Sainte-Catherine, ouverte sur la Meurthe,
évoque à la fois la mémoire de la reine défunte,
et le commerce fluvial qui doit profiter de ce

débouché. La porte Saint-Stanislas, malheureusement écrasée par des immeubles trop voisins, proclame en sa garniture d'attributs d'une lecture facile, que le bon roi est le protecteur par excellence des Sciences et des Arts. Les réminiscences antiques apparaissent avec la même clarté dans ces deux petits monuments : Mercure accoudé sur des ballots, Hercule et sa massue, galères à éperons, dépouilles opimes, guirlandes et bucrânes, tout annonce l'artiste rompu aux disciplines classiques, dont il use avec une agréable aisance. Nancy, qui possède de si beaux spécimens de portes et d'arcs de triomphe, n'a pas à renier ces deux-là.

La caserne Sainte-Catherine, aujourd'hui caserne Thiry, bâtie pour les grenadiers de France, a beaucoup perdu de son prestige d'autrefois. Il faut consulter les vieilles estampes pour lui restituer sa parure d'ancien régime : saut-de-loup, grille monumentale et fontaines jaillissantes. Il faut posséder quelque imagination, et fermer les yeux, pour la repeupler des pimpants uniformes du temps de la guerre en dentelles. Seul, le tympan du fronton, qui do-

mine le corps de logis central, tout au fond de
la large cour, équivaut pour nous à une date.
Stanislas, en guerrier romain, couronné par
la Gloire, a cependant le bon goût de s'entou-
rer de petits amours qui représentent les Arts,
et figurent plus naturellement en sa compagnie. Telle que nous la voyons, la caserne
Sainte-Catherine, âgée de plus d'un siècle et
demi, témoigne encore de la justesse des pré-
visions de son architecte. Ses hôtes modernes
en reconnaissent les agréments ; ils semblent
apprécier surtout l'ampleur, la commodité et
l'abondance des moyens de dégagement.

Apparenté par son mariage à la maison du
roi de Pologne, l'auteur de ces embellisse-
ments possède toute la confiance et toute la
faveur de son maître. Le vieux Stanislas, ami
des artistes et bon prince, tient son premier
enfant sur les fonts baptismaux, et la duchesse
Ossolinska elle-même sert de marraine. En
1761, il lui accorde des lettres de noblesse, en
considération des services rendus comme « premier architecte de ses bâtiments, jardins, parcs
et jets d'eau ». Entériné à la fin de décembre,
l'acte est expédié à Richard Mique, qui vient

d'avoir trente-trois ans, à la manière d'un présent de nouvel an. L'exposé des motifs équivaut à un certificat de large aisance. « Nous avons résolu de le décorer du titre de noblesse qu'il se trouve d'ailleurs en état de soutenir avec distinction par la fortune dont il est favorisé, jouissant même déjà des droits et privilèges qui y sont attachés par son état... » Deux années encore, et il atteindra le point culminant de sa carrière à la cour de Lunéville. Le vieux Simon Mique disparaît au moment même où le fils, dont il est évidemment si fier, va recueillir des charges considérables : ingénieur en chef des Ponts et Chaussées de Lorraine et Barrois, puis successeur de Héré dans la direction générale des Bâtiments. Pour que rien ne manque à cette rapide fortune, le 8 mai 1763, Louis XV le crée chevalier de l'ordre de Saint-Michel, dont le large ruban noir était destiné aux artistes et aux savants. On voulait, selon toute apparence, le récompenser d'avoir organisé, l'été précédent, les fêtes de Nancy et de la Malgrange, offertes à mesdames Adélaïde et Victoire. Stanislas, bon connaisseur, avait su discerner et apprécier ses qualités maîtresses ; laborieux, précis, homme d'art et de métier, Richard Mique était né pour exécuter les projets d'un souverain aimant à bâtir. Il savait accommoder son talent aux sujets et sa conduite aux circonstances. C'était le serviteur intelligent et indispensable qu'il faut toujours avoir sous la main. A Lunéville, il habite en bordure du parc royal ; sa maison, contiguë à l'hôtel du maréchal de Beauvau, n'existe plus, mais on reconnaît encore la porte qui lui donnait accès dans les jardins de Stanislas. Quand le roi villégiature au château de la Malgrange, son fidèle architecte, qui s'est rendu acquéreur de la seigneurie de Heillecourt, se tient toujours à proximité de ses ordres. Situés aux portes de Nancy, les deux domaines se touchent. De la Malgrange à Heillecourt, un chemin creux bordé de haies conduit aujourd'hui le touriste au pied d'un antique cabinet de plaisance, dressé à l'angle d'un petit parc, et prenant jour sur la grande rue du village. C'est tout ce qui reste de la résidence seigneuriale d'autrefois.

Privilégiée à tant d'égards, la situation de Mique ne saurait cependant passer pour une si-

tuation de tout repos. L'âge avancé de Stanislas
— qui ne succombera qu'aux suites d'un acci-
dent — doit préoccuper ses protégés, et leur
inspirer de constantes inquiétudes. Le roi de
France sera son successeur et son héritier ; on
ne sait pas comment Versailles traitera le personnel des services lorrains. Le vieux monarque
se le demande lui-même, et pour la sauvegarde
de son architecte il a tâché de prendre quelques
précautions. Au mois d'août 1760, il a profité d'un séjour à Versailles pour ouvrir d'assez
timides négociations ; un de ses gentilshommes
a reçu la mission de pressentir M. le marquis
de Marigny. Une aimable réponse ne se fait
guère attendre. L'heure fatale prévue par le
bon roi ne sonnera que pour les arrière-neveux
de M. le Directeur général. « ... Mais, si nous
avions le malheur d'en être les témoins, et que
je fusse chargé de l'administration des Bâtiments, je vous prie instamment, Monsieur,
de vouloir bien assurer Sa Majesté le Roi de
Pologne que je représenterai au Roi, avec un
empressement égal au respect que j'ai pour les
ordres de Sa Majesté polonaise, le désir qu'elle
a que le sieur Mique soit conservé dans sa

qualité de premier architecte de tous les bâtiments que S. M. le Roi de Pologne a fait élever dans la Lorraine, aux mêmes attributs et émoluments dont il jouit actuellement, ne désirant rien plus ardemment que de témoigner à Sa Majesté le Roi de Pologne mon très profond respect pour ses ordres... »

Mal préparé aux embûches de Versailles par la vie patriarcale du château de Lunéville, l'architecte ne se méfiait point de l'eau bénite de cour. On lui communiqua la réponse de M. de Marigny ; il en prit religieusement copie. Six ans plus tard, Stanislas, qui avait mis le feu à sa robe de chambre en s'approchant d'une cheminée, succombait aux suites de ses brûlures. Mique s'adressait alors au marquis de Marigny, exprimant le vœu « de pouvoir travailler sous ses ordres », joignant même à sa requête une copie de la réponse adressée naguère au roi de Pologne, et qui pouvait bien, en effet, passer pour un engagement. Le procédé dut sembler indiscret, car en marge de la demande figure cette simple note : « A été décidé qu'on n'y ferait point de réponse. » Ne comprenant rien à ce silence, « attendant de jour en jour

des ordres et des intentions », il revenait à la
charge au bout de trois mois. Mis en quelque
manière au pied du mur, M. de Marigny se
tirait d'embarras par une pirouette. « ... Je
désirerais être à portée de vous témoigner, en
vous procurant la continuation de votre titre,
le cas que je fais de vos talents ; mais les bâtiments que le Prince a fait construire en Lorraine devant faire dans la suite partie des
Domaines, cela ne me regarde en aucune manière... » En réalité, Versailles prétendait bien
recueillir sans aucun partage un héritage escompté depuis longtemps : on abandonnait à
leur malheureux sort les services de la maison
de Pologne, congédiés et dissous dès le mois
d'avril 1766, quelques semaines après la mort
de Stanislas.

C'était l'effondrement de toutes les espé-
rances de Mique, mais, presque aussitôt, par
un singulier retour de chance, le début de sa
véritable fortune. Marie Leczinska, la bonne
reine, au déclin de sa vie, formait le charitable
projet de doter Versailles d'une maison d'édu-
cation pour les jeunes filles pauvres ou de condition modeste. Les 450.000 livres en espèces

héritées de son père y suffiraient, elle le supposait du moins. Louis XV participait à cette libéralité en accordant onze arpents à prélever sur le domaine de Clagny, dont le démembrement était dès lors résolu. Au début d'octobre 1766, une lettre semi-officielle du P. Bieganski, confesseur polonais de la reine, prouvait à Richard Mique que les protégés du feu roi savaient encore s'entr'aider, et l'appelait à Versailles pour y élever le nouveau couvent.

Que pensa M. de Marigny en voyant l'artiste de province, si cavalièrement traité par ses bureaux, prendre pied dans la modeste cour de Marie Leczinska ? Quel fut l'accueil réservé par les dignitaires de l'administration royale à cet intrus qu'ils étaient bien obligés de coudoyer ? Comment les services officiels d'architecture s'accommodèrent-ils de ce rival présumé, médiocrement installé au Grand Commun, mandataire privé de la reine, mais redoutable par son talent et ses qualités d'homme de cour ? Résoudre ce petit problème est affaire d'imagination. Ce qui demeure certain, c'est que Mique, à peine introduit dans la place, allait connaître de nouvelles et angoissantes tribulations. La reine mourait le 24 juin 1768, bien avant l'achèvement de l'œuvre projetée ; une fois encore, l'architecte, arrêté en plein travail, devait consolider son crédit, et même — obligation plus périlleuse — obtenir de l'argent d'un trésor qui commençait à en manquer. Un mémoire, conservé dans ses papiers personnels, nous apprend que la reine avait bien voulu « faire revivre en sa faveur la place d'Intepdant et de Contrôleur des Bâtiments de sa Maison » ; la charge avait dû, pendant bien longtemps, ressembler à une sinécure. Mique suppliait madame Adélaïde de lui obtenir le maintien de ce modeste privilège. La fille aînée de Louis XV se montrait ardemment dévouée aux projets de sa mère, et protégeait ouvertement l'architecte choisi par elle. Mais les bureaux, qui n'avaient pas voulu le maintenir en Lorraine, prétendaient alors l'y renvoyer. M. Trudaine se faisait leur interprète en écrivant le 4 août 1768 : « ... Madame demande que M. Mique reste à Versailles pour continuer le bâtiment qu'il a commencé. Madame sera toujours la maîtresse de disposer de M. Mique comme elle le jugera à propos. Il est cependant à désirer qu'il puisse aller faire en Lorraine les fonctions importantes dont il est chargé et pour lesquelles il peut être difficilement suppléé... » En effet, sur une pièce d'état civil de 1773, Mique sera encore qualifié d'ingénieur en chef des Ponts et Chaussées de Lorraine.

La ténacité de Madame Adélaïde devait pourtant obtenir gain de cause. Le « Couvent de la Reine » eut si peu à pâtir du décès prématuré de sa fondatrice, qu'il abrite aujourd'hui les destinées du lycée Hoche. Louis XV qui, après la mort du Dauphin, avait laissé péricliter l'œuvre considérable commencée par son fils aux Prés de Clagny — un hôpital de 400 lits — jugea bon de s'associer aux dernières volontés de sa femme ; Mesdames s'y attachèrent avec une piété filiale très active. Le 29 septembre 1772, le roi et les princesses inauguraient, par une visite, le couvent à la veille de recevoir les chanoinesses de Saint-Augustin, et la *Gazette de France* du lundi 2 octobre remarquait que Sa Majesté avait daigné témoigner sa satisfaction au sieur Mique. L'œuvre valait qu'on en complimentât l'artisan. Altérée par des transformations successives, on lui restitue sans trop de peine ses qualités originales : le bel équilibre d'un plan que n'eût point renié Palladio, l'adaptation intelligente des formules classiques aux usages nouveaux, les règles claustrales appliquées avec une simplicité gracieuse et habilement tempérées par de larges baies partout ouvertes sur des jardins. La chapelle, récemment classée comme monument historique, est un des plus anciens et des plus intéressants exemples de cette réforme néoclassique qui devait aboutir au style Empire.

Richard Mique était récompensé de six années de tribulations et de travail ; il se trouvait en bonne posture à la cour, protégé avoué de Mesdames, et tout désigné pour une situation plus officielle qui lui assurerait, dans un avenir prochain, la renommée et la fortune. Une mystérieuse adversité l'attendait. La *Correspondance secrète* de Métra prétend qu'un homme « arrivant du pays étranger et dont l'extérieur n'annonçait rien moins que l'opulence » se présenta un jour chez M. Mique et l'aborda comme son frère ; information dramatique, qui n'est pas tout à fait conforme à la réalité.

Le péril lui fut révélé par des voies plus détournées. Dans l'été de 1773, au plus tard, il apprit qu'un tailleur de pierre, employé aux travaux de l'hôtel de l'Intendance à Soissons, se donnait publiquement comme son frère. Le personnage faisait des dettes, et l'on s'adressait à Richard Mique afin qu'il les soldât ; bien plus, le 1" septembre, il ne craignait point d'écrire une lettre, signée Charles-François Mique, au sieur Calce, inspecteur des travaux du Couvent de la Reine, le priant ironiquement de faire sa cour à M. Mique et de transmettre ses compliments à un certain Lambert, premier commis de l'architecte. Richard Mique — nous ne saurions en faire trop tôt la remarque — n'avait jamais eu de frère portant les prénoms de Charles-François. Peut-être ne comprit-il pas dès l'abord la gravité de l'intrigue ourdie contre lui. Cependant, l'intrus ne tardait pas à préciser ses prétentions ; il avait miraculeusement survécu au combat naval du 20 juillet 1745. L'entrevue dont parle Métra est du 15 octobre 1773, mais elle eut pour instigateur et pour témoin le lieutenant de police de Nancy. Le soi-disant sous-lieutenant aux vo-

lontaires de Maurepas, arrêté depuis la veille,
se trouva en présence de Mique. C'était un
ouvrier beau parleur.

*
* *

On peut, sans pécher par excès d'imagination, se figurer l'émoi de la province lorraine,
au récit d'un aussi extraordinaire événement.
Pour peu que les circonstances s'y prêtent, le
bon public accueillera toujours avec une complaisance merveilleuse le retour d'un prétendu
défunt, rayé par erreur du nombre des vivants, qui vient réclamer sa légitime au
patrimoine du voisin, et agrémenter des fortes
émotions du roman les quotidiennes monoto-
nies de l'existence. Or, il faut bien avouer
qu'aucun litige judiciaire n'était plus propre à
devenir le thème d'un nombre illimité de com-
mérages. Richard Mique compte évidemment
de solides amitiés à Nancy, où tout le monde
le connaît ; mais les colporteurs de nouvelles
les plus dévoués à sa cause se heurteront, du
haut en bas de la société, à des préventions ou
à des malveillances toujours prêtes. Les petites

gens flairent en lui le frère sans entrailles, sourd à la voix du sang, dérangé dans ses calculs égoïstes par l'apparition de ce vagabond, auquel il faudra bien rendre des comptes. On sait, par de vagues indiscrétions, que le lieutenant de police Durival lui est favorable. La sagesse publique se répète à elle-même une fois de plus qu'il n'y a pas de fumée sans feu, ou reconnaît dans la mésaventure de l'architecte déjà trop bien en cour de Versailles, un de ces justes revers de fortune qui consolent les médiocrités aigries aux dépens du mérite parvenu. Enfin, le parti des anciens ducs de Lorraine compte encore des adeptes influents ; ils ne seront pas fâchés d'infliger au grand favori du feu roi Stanislas, cet usurpateur, l'étroite et humiliante parenté d'un déclassé loqueteux. Pour peu que l'on veuille bien lire entre les lignes, les documents qui datent de cette période de l'affaire ne laissent aucun doute à ce sujet. « La multitude, dit une note de police, qui se passionne toujours volontiers et dont la stupide crédulité croît ordinairement à mesure que les choses sont plus extraordinaires, se laissa bientôt persuader que l'aventurier était.

Claude-Nicolas Mique, échappé miraculeusement du combat. »

De leur côté, les gens du roi se comportaient comme s'ils eussent été payés pour ne la point détromper. Dans une petite ville où siège un parlement, il est malaisé de masquer des décisions prises en marge de la loi, de substituer à une procédure normale des abus de pouvoir flagrants. Les usurpations d'état civil, tout Nancy le sait ou ne tardera pas à le savoir, ne relèvent pas de la juridiction criminelle. Pourquoi l'imposteur, si imposture il y a, a-t-il été mis au secret dans un des cachots de la geôle du Bailliage ? Pourquoi laisse-t-on passer deux mois avant de se résoudre à lui donner un avocat ? C'est ici le point faible de l'instruction ; les officiers du Bailliage ne se résignent pas sans peine à reconnaître leur bévue. Sur les conseils du défenseur enfin obtenu, le prisonnier s'empresse d'en appeler au Parlement. Les audiences du 8 et du 29 janvier 1774 ont tout l'éclat d'un coup de théâtre. Le procureur général déclare qu'il n'entend pas être solidaire de son substitut au Bailliage. La Cour annule la procédure criminelle suivie jusque-là, et reconnaît « qu'il a été mal, nullement et incompétemment requis, permis d'informer, informé et procédé. » Elargi sur l'heure, le persécuté inscrit à son actif le réconfort d'une ovation populaire. « Il y avait un monde étonnant à l'audience, écrit Durival dans son Journal inédit, à la date du 2 février 1774, et le peuple était assemblé devant le palais, attendant la sortie de cet homme. Personne n'aurait osé dire que c'était un imposteur. » La police rend à peu près le même témoignage. « On le conduisit en triomphe remercier ses juges, et la prévention fut portée au point que beaucoup de personnes nées depuis l'époque à laquelle il fixait son départ de Lorraine, assuraient qu'elles le reconnaissaient parfaitement pour le sous-lieutenant Mique. »

Les bruyants transports de la sensibilité publique ne laissaient, en effet, aucune place à la réflexion, et les gens clairvoyants n'avaient eu garde de s'aventurer dans la bagarre. La Cour venait de condamner tout simplement une irrégularité de forme, sans se préoccuper un instant de la question d'état, qui n'était pas soumise à son examen. Quant aux manifestants, ils ne connaissaient pas le premier mot de la biographie du héros qu'ils étaient en train d'acclamer.

Les gens de police qui, par profession, goûtent médiocrement les mystères, avaient déjà percé celui-là. Pauvre hère que, depuis un an, ses dettes et ses hâbleries permettaient de suivre à la trace, le soi-disant ressuscité gaspillait les effets d'un rôle gauchement conçu et mal appris. D'honnêtes bourgeois d'Amiens avaient déjà trouvé, tout seuls, la preuve de ses mensonges. Ses camarades de chantier, à Soissons, savaient par cœur ses histoires et connaissaient ses projets. Des policiers de carrière ne pouvaient s'égarer sur une piste aussi nette. Pour eux, le prétendu survivant de 1745 était tout bonnement un tailleur de pierre d'Epinal, Charles-François Mougenot, dit Charles IV, né en 1733. On verra bientôt ce qu'on en doit croire ; mais deux remarques sont dès à présent légitimes. Aucune de leurs assertions de la première heure n'est contredite par le volumineux dossier où s'accumulèrent enquêtes et procédures, et qui fut versé en 1777 au greffe du Conseil d'Etat du Roi. En second lieu, au moment précis où le sous-lieutenant Mique ressuscite, Mougenot s'évanouit pour toujours. Une heure viendra où l'affaire Mique sera presque populaire. Le prétendu frère de l'architecte de la reine aura derrière lui une cabale assez résolue pour le soutenir de son crédit et de ses subsides. Une preuve, et même une simple présomption de l'existence ou du décès de Mougenot eût été pour ses partisans une incomparable aubaine. Jamais il ne fut question de la fournir.

Singulière odyssée que celle de cet aventurier, habile ouvrier paraît-il, assez intelligent pour plaider lui-même sa cause, pendant trois audiences, devant le Parlement de Nancy, mais desservi par des vices que l'on pressent, et qui dépensa, avant d'aller mourir à Bicêtre, plus d'activité qu'il ne lui en eût fallu pour gagner largement sa vie sur quelque chantier lorrain. D'où lui venait son surnom de Charles IV ? Etait-ce une plaisanterie facile, née dans un atelier où travaillaient déjà d'autres Charles ?

Jugeait-on qu'il ressemblât à l'ancien duc de Lorraine ? Avait-il l'allure énigmatique, un peu hautaine, que nous trouvons au portrait de Jean Valdor ? Les origines du personnage sont, on le pense bien, assez obscures. Marié à dix-neuf ans, Mougenot abandonne de très bonne heure sa femme et son enfant pour suivre un sergent racoleur. Comme il n'est toujours que Mougenot, la police n'approfondit guère sa biographie pendant dix bonnes années ; deux faits cependant surnagent. Le régiment des Gardes-Lorraines le porte déserteur en janvier 1762 ; le régiment de Lyonnais-Infanterie en fait autant le 9 juin 1765. Désormais, ses faits et gestes doivent être suivis de près.

A cette date, Mougenot s'est réfugié à Dunkerque, et a pris la résolution de passer la frontière. Six mois après, on le retrouve à Cologne et il s'engage dans le corps royal de Danemark. A Copenhague, il fait la connaissance d'une couturière, Caroline Ahrenfeld, originaire de Norvège, et l'épouse le 20 juin 1767, trois mois avant la naissance de leur premier enfant. Quel nom figurait sur leur acte de mariage ? Il y eut à ce sujet, parmi les robes noires, des discussions à la Brid'oison. Mougenot, affirmait Richard Mique. Muckgenoot, ripostaient ses adversaires, ou Mongenot à la rigueur. Il paraît certain, en tout état de cause, que le nouveau ménage porta le nom de Muckgenoot. L'usage voulait, paraît-il, qu'on germanisât dans la mesure du possible les noms des sujets français enrôlés dans les troupes danoises « afin qu'on ne pût les distinguer » ; le comte de Saint-Germain s'en portait du moins garant dans une lettre du 5 février 1775. La transcription s'était, dans le cas présent, faite en quelque sorte d'elle-même, mais le hasard lui ménageait le bénéfice de circonstances singulièrement favorables. La famille Mique, de vieille souche alsacienne, comptait parmi ses membres des Mieg, des Müg et des Mücq. Le nom de Muckgenoot se trouvait donc être une transition entre Mougenot et Mique, et autorisait pour l'avenir toutes sortes de revendications.

En 1768, notre homme déserte encore et passe en Suède ; le 21 avril 1769, il y contracte un engagement de six ans dans une compagnie

de mousquetaires. Mais, cette fois, l'acte est
signé Charles-François Miquet, et voici le point
précis où nous commençons à être intrigués.
Certes, il est naturel qu'un risque-tout, trois
fois déserteur, s'avise enfin de dépister les recherches. Mais pourquoi ce pseudonyme, déjà
significatif ? Mougenot a-t-il été vraiment,
comme le prétendra bientôt son oncle Didelot,
ouvrier chez l'un des Mique ? A-t-il rencontré
dans un cabaret de Dunkerque, patrie de la
guerre de course si redoutée de l'Angleterre,
où M. de Maurepas avait préparé presque toute
l'expédition du prince Charles-Edouard, un
survivant, peut-être même un des déserteurs
du combat de 1745 ? Il est assez naturel de le
supposer, car des faits exacts, qu'il adapte ma-
ladroitement à sa cause, trahissent par endroits la leçon hâtive et à peu près retenue.
Par exemple, il sait que M. Grisot de Belcroix,
premier lieutenant, a été tué dans l'engagement, et prétend qu'on l'a confondu avec cet
officier. Mais il ignore que M. Grisot fut tué à
l'avant du vaisseau, et le sous-lieutenant Mique
à l'arrière — à côté du comte de Lancize, commandant des Volontaires de Maurepas, qui

révélera ce détail. N'oublions pas, d'autre part, que les Etats du Nord s'étaient trouvés mêlés, eux aussi, à la restauration projetée des Stuarts. Aux armements de Dunkerque avait répondu, à Stockholm, la levée d'un corps de volontaires sous le commandement d'un major du régiment de Royal Suédois. Expédition coûteuse et mort-née, qu'on ignorerait probablement sans le témoignage du marquis d'Argenson, mais qui avait pu laisser quelques souvenirs précis à des survivants mieux informés. Nous ne saurions risquer ici que des hypothèses ; l'affaire est déjà assez romanesque par elle-même pour qu'on n'y mêle point de roman ; il suffit de rapporter les faits. Pourvu en 1771 d'un congé de neuf mois pour Carlscrona, Miquet y travaille de sa profession jusqu'en 1772 et disparaît à l'expiration de son congé. Le 3 septembre, l'ambassadeur de France à la cour de Suède, mal renseigné ce jour-là, délivre un passeport au nommé Charles-François Mique, de Nancy, tailleur de pierre, allant en France avec Caroline-Marthe, sa femme, et ses deux filles, âgées de cinq ans et d'un an et demi.

Débarqué à Rouen, le ménage se dirige sur Amiens. Il y avait là de gros travaux en cours d'exécution ou en perspective : un hôtel de l'intendance, un théâtre, une halle au blé. La cathédrale enfin, depuis une vingtaine d'années déjà, s'offrait comme un incomparable terrain de chasse à de fort braves gens qu'offusquait la rusticité de l'art gothique en ces monuments qui ne subsistaient, au dire de l'honnête Jean-Jacques, que « pour la honte de ceux qui eurent la patience de les faire ». Les compagnons du bâtiment ne pouvaient l'ignorer ; ils avaient toutes les chances du monde d'y trouver toujours quelque chose à remanier ou à démolir. Pour se mettre au goût du jour, on avait détruit le jubé, la clôture du sanctuaire, édifié un somptueux maître-autel dominé par une gloire immense ; on adossait à un pilier de la nef une chaire monumentale, fourvoyée comme un accessoire d'opéra dans l'émouvante simplicité du décor des vieux âges. On accommodait aux modes nouvelles les chapelles ménagées dans les sept pans du rond-point ; un généreux chanoine prenait à sa charge les transformations de toutes celles qui restaient encore à embellir. Un compagnon sans ouvrage ne pouvait mieux tomber.

Il apparaît cependant que tout ne va pas comme il le faudrait. Embauché par un maître marbrier, travaillant sous ses ordres « pour des ecclésiastiques distingués », Mougenot cherche un supplément de ressources : son génie inventif conçoit et réalise sans tarder le projet d'exploiter la charité de la société bien pensante. Il prétend que ses filles n'ont pas été baptisées (l'instruction prouva le contraire) et leur trouve des parrains et marraines rentés et qualifiés : Jean-Baptiste Hubault, négociant, ancien consul, et Marie-Catherine de Ribaucourt, veuve d'un échevin, pour l'aînée ; François Biart, négociant, ancien consul, et Marie-Françoise de Bagnolle pour la cadette. La cérémonie du baptême — sous condition, dit l'extrait conforme — a lieu le 11 novembre dans l'église Saint-Sulpice d'Amiens, paroisse aujourd'hui disparue d'un faubourg voisin de la citadelle. Elle prélude à une manifestation religieuse plus importante : le 10 janvier 1773, Caroline Ahrenfeld elle-même abjure solennellement, en l'église paroissiale de Saint-

Pierre, la religion luthérienne. Tous ces actes sont signés Charles-François Mique. La police ne croit guère à la sincérité de ces édifiantes cérémonies ; elle y voit même un « jeu du premier des sacrements ». Elle ne doit pas se tromper de beaucoup, car le sieur Biart, parrain de la petite Marie-Françoise, conçoit bientôt de tels doutes, qu'il demande des renseignements à un correspondant de Lunéville. Il s'agit surtout « d'une prétendue succession qui était en Lorraine entre les mains d'un oncle nommé Didelot », et ceci permet de supposer que Mougenot avait amorcé quelque escroquerie. Fâcheuse imprudence, qui le perd ; l'enquête officieuse traîne en longueur, mais aboutit. L'oncle Didelot se fâche, révèle que la succession est imaginaire, que son neveu s'appelle Mougenot, est déjà marié à Epinal, et compte plusieurs désertions à son actif. La Prévôté de Lunéville a vent de cette histoire ; elle en saisit la maréchaussée d'Amiens, et celle-ci fait une descente à l'auberge de Mougenot assez à temps pour apprendre qu'il est parti depuis huit jours, et n'a point laissé son adresse.

Il avait du moins adopté un plan définitif, et décidé que l'héritage commis à l'oncle Didelot s'évanouissant, il serait le frère de Richard Mique. L'architecte en était bientôt informé, soit par des réclamations de créanciers, soit par la lettre au sieur Calce, inspecteur des travaux du Couvent de la Reine, dont il a été question plus haut. L'imposture ne tardait pas à prendre corps, et réclamait une prompte et vigoureuse défense.

Tandis que Mique, retenu à Versailles, en réunissait les premiers éléments, Mougenot entrait peu à peu dans son nouveau rôle. Un séjour à Bruxelles, résolu d'abord par nécessité ou prudence, l'affermissait en son dessein ; pour un individu aussi dépourvu de scrupules, il y avait moins de bénéfices à attendre la maréchaussée sous les apparences du déserteur Mougenot qu'à aller au-devant d'un procès civil dans le rôle du sous-lieutenant Mique ressuscité. Il laisse donc sa famille à Bruxelles, et s'en va quêter les renseignements indispensables à Paris, à Lunéville, à Nancy ; il a la chance de rencontrer, à cette dernière étape, un ancien domestique de la famille Mique qui, avec ou sans malice, le documente. Le fait est qu'au jour de son emprisonnement (16 octobre 1773) il commence à être mieux renseigné. Lui qui s'est dit jusque-là Charles-François Mique — prétention absurde, car il n'y a jamais eu de Charles-François dans la famille — il signe Claude Mique au registre d'écrou, usurpant pour la première fois l'état civil exact du disparu. Sa malheureuse femme était venue le rejoindre au début d'octobre à Lunéville, quatre jours avant de mettre au monde un fils ; Mougenot devait au messager de Bruxelles une centaine de francs pour le transport de la mère et de ses deux filles, et pour argent prêté en route.

Prise à son début, tandis que l'opinion publique ne s'y intéressait pas encore, l'affaire était déjà embarrassante. Il ne suffisait pas de savoir que le soi-disant Mique s'appelait réellement Mougenot ; il fallait encore l'en convaincre. Or, la coutume lorraine n'admettait pas la valeur du simple témoignage en matière de possession d'état ; les enquêtes et les recherches officielles à l'étranger, bases d'une argumentation juridique, ne pouvaient pas être improvisées. En admettant qu'un hasard favorable permît de confondre rapidement l'imposteur, sous quelle inculpation allait-on le poursuivre ? Comme bigame? La loi n'était pas fort sévère à cet égard. On se contentait, le plus souvent, d'un de ces châtiments burlesques dont se divertissaient nos pères : le coupable était exposé au carcan ou au pilori, avec autant de quenouilles qu'il avait de femmes vivantes. On pouvait, il est vrai, ajouter la peine des galères, mais encore fallait-il que la seconde femme épousée durant le premier mariage portât plainte, et Mougenot était sûr de Caroline Ahrenfeld. — Comme déserteur ? L'ordonnance rendue par Louis XVI à son avènement montre bien que la fréquence du délit désarmait à peu près la justice. La désertion devant l'ennemi était toujours passible d'une pendaison sommaire, mais pendant le règne de Louis XV, les déserteurs ordinaires avaient bénéficié d'amnisties plusieurs fois répétées. Le bailliage de Nancy ne vit point dès l'abord à quel client résolu il avait affaire, et ne sentit pas davantage la nécessité d'être circonspect. Sur le témoignage du voiturier de

Bruxelles et d'un entrepreneur de Lunéville, établissant les prétentions de l'inculpé, Mougenot fut traité en malfaiteur vulgaire, déserteur et bigame. C'était plus qu'il n'en fallait pour le mettre à son aise, le rendre intéressant, et accréditer ses revendications futures. « ... A six heures du matin, dira-t-il, des sergents de police, suivis de grenadiers en armes, entrent précipitamment dans la chambre... Sans délit, on arrêta comme un brigand, l'on arracha d'un asile de paix et d'innocence, celui qui était venu chercher la justice dans les bras de la nature... » On alla quérir à Epinal Catherine Chanet, sa première femme, qui, à la première confrontation, le reconnut. Il y eut même, si l'on en croit les adversaires de Mique, une scène plutôt fâcheuse, car elle était renouvelée de M. de Pourceaugnac. L'enfant que Mougenot avait abandonné au berceau n'hésita pas à l'appeler son père. Catherine Chanet revint sur ses déclarations dans la suite, soit qu'elle eût été circonvenue, soit qu'elle eût tout simplement réfléchi. La perspective de nourrir et de désaltérer ce mari dont la bigamie n'était point pendable, et qui lui tombait du ciel après vingt années d'absence, n'avait rien de bien séduisant. De toute façon, l'incident compromettait déjà la cause de Richard Mique. L'instruction de l'affaire, menée avec une rigueur singulière, ne la favorisait pas davantage. On avait mis Mougenot au secret ; on tentait de l'intimider en parlant de le juger présidialement, c'est-à-dire sans appel. Peut-être espérait-on l'amener à reconnaître son imposture et l'envoyer ensuite se faire pendre ailleurs, pour clore une aventure qui n'avait déjà que trop duré. Mais Mougenot était tenace, et pressentait qu'il allait devenir un prisonnier embarrassant. Son intrigue mettait en jeu de trop grands intérêts — sans parler de ceux des héritiers de Françoise Royal, dépossédés si le lieutenant Mique avait survécu au combat de 1745 — et elle éveillait déjà trop vivement la curiosité de la province pour être étouffée dans son germe. Le fripon ne manquait pas d'astuce, et savait où il voulait en venir. Le Parlement de Nancy, son avocat lui en donnait bientôt l'assurance, ne pourrait, en cette première escarmouche, se prononcer sur la question d'état, dont il n'aurait pas encore à connaître. Il désavouerait simplement la procédure du bailliage ; mais il serait déjà trop tard pour que la foule des bonnes gens tirât de cet arrêt quelque conclusion raisonnable.

En vérité, les amis de Richard Mique, si toutefois la faute commise leur est imputable, l'avaient cruellement desservi. Plus tard, quand toutes les juridictions, mettant à nu son imposture, l'auront condamné sur la question d'état, Mougenot escamotera sans vergogne les arrêts qui l'accablent pour se targuer de la sentence de 1774. Le gros public, généreux et sensible, n'y entendra point malice ; il a définitivement classé son étrange protégé parmi les victimes de l'arbitraire.

Richard Mique prit, dans les quarante-huit heures, le seul parti qu'il eût à prendre : assigner son soi-disant frère devant la juridiction civile où, malgré sa popularité naissante et son imperturbable audace il ne pourrait jamais justifier l'usurpation d'un état qui n'était point le sien. Mougenot fut cependant assez savamment conseillé et, d'autre part, assez pourvu de subsides pour retarder pendant deux années pleines le jugement qui devait le convaincre d'imposture. De janvier 1774 à février 1776, il épuise les moyens dilatoires et met à contribution l'arsenal de la chicane, d'abord au bailliage de Nancy. Il serait fastidieux de dresser, comme l'ont fait les juristes du Conseil d'Etat privé, un résumé de sa procédure. Avec un immuable à-propos, Mougenot produit toujours la pièce qui retardera la solution de son affaire, introduit une demande reconventionnelle de dommages et intérêts, obtient une remise, récuse, fait défaut, forme opposition, interjette appel. Malgré tout, le bailliage rend sa sentence — par défaut — le 15 juin 1774, lui fait défense de se dire et déclarer fils de Simon Mique et de Françoise Royal son épouse, le condamne en 150 livres de dommages-intérêts (applicable du consentement de Richard Mique et consorts au pain des prisonniers), aux dépens, et ordonne qu'annotation sera faite de la sentence en marge de l'acte de baptême de son fils. Mougenot ne se trouble point pour si peu ; il se retourne du côté du Parlement, et la même procédure recommence. Sa mauvaise foi ne tarde guère à décourager le barreau ; un mois avant l'audience définitive d'appel, il ne pouvait plus trouver de défenseur. Les avocats de la Miséricorde, qui avaient d'abord admis le pauvre hère au bénéfice de l'assistance judiciaire, ne voulaient plus en entendre parler. Il dut se défendre lui-même. L'ordonnance du 17 janvier 1776, rendue sur placet du soi-disant Mique, lui permet de plaider sa cause « à défaut d'avocat, à la charge de se renfermer dans les bornes d'une légitime défense et de ne point se répandre en invectives ». En dépit de ces précautions, les débats furent vifs et animés. Mougenot, dans un de ses placets au Roi, prétend qu'il offrit sa tête, que personne ne réclamait ; l'avocat général, exaspéré, parla de le faire appréhender au corps. Quant au public, il s'appliquait plus que jamais à se laisser berner. Au dire de la police « les impossibilités les « plus physiques et les contradictions les plus « révoltantes ne furent point senties ; la diffé- « rence des noms des deux personnages dont « l'un était Claude-Nicolas et l'autre Charles- « François ne frappa même pas, et on réfléchit « enfin si peu que l'on plaida qu'un bon voi-

« lier pouvait dans vingt-quatre heures décrire
« une ligne de deux cents lieues, et qu'un
« homme pouvait, dans un mois, voir Yeddo,
« Pékin, Québec et Lisbonne, etc... » Ce souvenir d'audience ne manque ni de précision ni
de bon sens.

L'arrêt, daté du 12 février 1776, fut une confirmation pure et simple de la sentence du bailliage. Richard Mique était autorisé à faire imprimer et afficher 200 exemplaires du jugement
aux frais de son soi-disant frère. Il est infiniment probable que l'imprimeur du Cabinet du
Roi et de la Prévôté de l'Hôtel se passa de cette
contribution pécuniaire pour éditer, dans le
courant de l'année, une plaquette de dix pages
qui prétendait édifier le public. On y trouvait,
en plus de l'arrêt précité, des extraits de pièces
authentiques prouvant que le sous-lieutenant
des Volontaires de Maurepas avait été tué à
bord de l'*Elisabeth* le 20 juillet 1745, et que
Simon Mique avait restitué en temps voulu les
biens propres de leur estoc et ligne aux héritiers de Françoise Royal, sa première femme.
On avait même retrouvé M. de Laurière de
Lancize, l'ancien commandant des Volontaires,

retiré du service comme colonel d'infanterie et logé à Paris, au petit hôtel du Poitou, rue du Pont-aux-Choux, paroisse Saint-Gervais. Le vieux soldat se présentait en l'étude de Mᵉ Guillaume Laîné, conseiller du Roi, dans la matinée du 6 septembre 1775 et se faisait donner acte de souvenirs remontant à trente années, mais tout à fait précis. « Lequel a certifié et attesté pour vérité et notoriété, à tous qu'il appartiendra, avoir parfaitement connu le sieur Claude Mique, natif de Lorraine, sous-lieutenant de la compagnie des Volontaires de Maurepas, et l'avoir commandé en cette qualité... Ledit sieur a été tué en présence et à la vue dudit seigneur comparant, et ensuite son corps jeté à la mer... »

Le soi-disant Mique, qui pourtant ne manquait pas d'assurance, fut d'abord décontenancé. Ses protecteurs ont dû l'abandonner, car il cherche du travail et se fait embaucher aux bâtiments des Hôpitaux de Corbeil. Songerait-il à renoncer pour tout de bon à ses revendications, qui ont si mal commencé ? Les gens du Roi trouveront bientôt sur lui, en le fouillant, un passeport délivré le 18 mai 1776 par le comte de Vergennes au « nommé François Muckgenot, servant et retournant en Danemark, avec sa femme et ses enfants » ; le dit passeport valable pour six semaines seulement. Mais, s'il y eut défaillance, elle fut brève ; pour le malheur de Richard Mique, Mougenot va reprendre définitivement, sur une scène plus illustre, son rôle de revenant spolié, et ses manœuvres procéderont d'une habileté si perfide qu'elles trahissent plus que jamais une collaboration.

Dans le courant du mois d'août, Mougenot est à Versailles, avec sa femme et un de ses enfants. Il demande justice, par des placets adressés au Roi et aux ministres ; on l'a si exactement documenté, que le comte d'Angiviller, directeur général des Bâtiments, est compris dans la distribution, et retourne à Richard Mique, son subordonné, le libelle qui l'accuse. S'il se fût contenté de répandre des mémoires, on eût peut-être fermé les yeux ; la police du moins le donne à entendre. Mais elle ajoute aussi qu'il amassait les laquais et la populace au coin des rues pour leur raconter ses infortunes ; tant et si bien que toute la famille est conduite à la geôle de Versailles. La Prévôté de l'Hôtel se conforme à ses traditions ; un ordre du Roi prescrit à Mougenot « de sortir de Versailles et de s'en éloigner ainsi que de tous les endroits où sera la cour à la distance de vingt lieues », et on relâche les prisonniers le 9 septembre. « Il est à remarquer, dira Mougenot dans une de ses requêtes, que c'était le jour de l'expiration des six mois prescrits par le règlement du Conseil pour le délai des cassations. » Le mensonge est manifeste ; l'arrestation prévue au programme s'était fait attendre, et le persécuté ne pouvait plus dire qu'on l'avait mis sous les verrous pour l'empêcher de se pourvoir. Le coup est manqué : on s'en aperçoit en Lorraine où il retourne auprès de ses amis de la première heure, et où on ne peut que lui conseiller de saisir une occasion plus propice. On la fait naître dans l'été de 1777. Voici la version du bon apôtre : sa femme, qui ne comprend presque pas le français, croit avoir entendu dire que l'ordre royal du 9 septembre était révoqué. Elle annonce l'heureuse nouvelle à Mougenot qui, sans penser à mal, revient à Sèvres. Il est tout étonné d'apprendre, quand la maréchaussée l'arrête, qu'il a rompu son ban, et plus surpris encore d'être écroué le 12 juin au Petit-Châtelet. Mais il ne tarde pas à se ressaisir. Du fond de son cachot, en vraie posture de victime, il pourra supplier le Roi d'accepter par une grâce toute spéciale, un pourvoi qu'on l'a empêché de former dans les délais légaux, et de casser l'arrêt du 12 février 1776 « qui blesse également les lois de « la nature, les lois positives, les ordonnances « du royaume, la jurisprudence universelle des « cours et les formes sagement introduites « pour le maintien de la société et pour l'ad- « ministration de la justice... »

Mougenot, champion du « maintien de la société », disposait évidemment, pour la rédaction de ses placets, d'un compère assez porté à l'ironie.

II

LE CONSEIL D'ÉTAT ET LES DÉFAILLANCES DE L'OPINION

Si étrange que l'aventure nous paraisse, le roman de Mougenot prenait déjà les allures d'une petite affaire d'Etat. Pendant plusieurs mois — de mai à octobre 1777 — la correspondance de M. Amelot, ministre de la Maison du Roi, attestera les embarras que le personnage lui suscite. C'est d'abord une dame de Guignes qui prétend l'endoctriner. Elle paraît avoir recueilli chez elle, à la butte Saint-Roch, la famille du prisonnier ; tenue en haleine par son défenseur, le sieur Billard, un avocat de la rue Montorgueil, elle plaide l'innocence et crie à la persécution. Le ministre ne la connaît pas ;

il ignore même son adresse exacte, et sa lettre, retournée par la poste, restera une quinzaine de jours en souffrance dans ses bureaux. Néanmoins, il n'hésite pas à lui fournir, en toute impartialité, des explications détaillées. « Je ne me suis porté, Madame, à proposer au Roi d'exiler à vingt lieues de la Cour le nommé Mougenot, se disant Mique, qu'après m'être fait représenter toutes les pièces originales qui ont opéré sa condamnation au Parlement de Lorraine. Elles sont si probantes, qu'elles ne m'ont laissé aucun doute sur la fourberie mal tissue de ce mauvais sujet. Quoique je n'eusse assurément pas besoin d'autres preuves, j'ai cependant profité de l'emprisonnement que la police lui a fait subir pour le faire interroger sur sa conduite et sa prétendue naissance par le lieutenant général de la Prévôté de l'Hôtel du Roi. Il l'a été deux fois différentes, la première par le lieutenant général et son greffier seuls. La deuxième a eu un témoin irréprochable, qui suffirait pour la condamnation de Mougenot ; c'est le lieutenant-colonel de la compagnie des Volontaires de Maurepas, témoin oculaire de la mort du sieur Mique dont un aventurier veut usurper le nom. Ces deux interrogatoires sont si dissemblables, les contradictions y sont si choquantes, que l'imposture s'y montre à chaque ligne... » Par ailleurs, M. Amelot prétend bien ne pas fonder son jugement sur les opinions d'autrui ; une scrupuleuse honnêteté se dégage des instructions qu'il adresse à M. Lenoir, lieutenant général de police. L'affaire doit être reprise et instruite à fond, tandis qu'on tient Mougenot sous les verrous du Petit Châtelet. « ... Vous savez le bruit et le scandale qu'occasionnent les questions d'état de cette importance, et je pense qu'il est bon de les prévenir : le moyen le plus certain est d'approfondir cette affaire... Comme je doute que vos occupations puissent vous permettre de suivre cette affaire par vous-même, je vous prie de charger de son interrogatoire un commissaire intelligent et sur l'impartialité duquel vous puissiez absolument compter. La fourberie une fois bien prouvée, nous verrons le parti qu'il conviendra de prendre pour en imposer à cet homme... » Sollicité de son côté par un grand seigneur lorrain, le comte de Raigecourt, le garde des

Sceaux lui-même, Hue de Miromesnil, veut tirer au clair cette histoire. Il ne paraît pas non plus disposé à se contenter d'opinions toutes faites ; on dirait même qu'influencé par la lecture d'un mémoire dont on lui a adressé copie, il ne peut se défendre de quelque sympathie pour Mougenot. « Si les faits contenus dans ce mémoire étaient exacts, lui écrit M. Amelot, ce malheureux mériterait la plus forte protection, et je serais, je vous assure, très disposé à la lui accorder... Cette affaire est trop intéressante en elle-même pour ne pas exiger la plus scrupuleuse attention de ma part, et quoique bien convaincu de la friponnerie de Mougenot, je serais le premier à solliciter la révocation des ordres donnés contre lui, s'il résultait de ses interrogatoires le plus léger doute sur son état... » Ramené à l'évidence par les résultats de l'enquête, le garde des Sceaux n'est pas encore tout à fait du même avis que le ministre de la Maison du Roi. Le commissaire Belle, choisi par M. Lenoir, conclut au chantage ; le lieutenant de police, qui en a vu bien d'autres, et considère que Mougenot « a quatre enfants qui ne peuvent vivre que de son travail », propose de lui rendre tout simplement la liberté en l'exilant ainsi que sa femme à cinquante lieues de Paris. Partisan de la manière forte, mais employée à bon escient, M. Amelot s'y prêterait assez volontiers ; il se résigne cependant à reconnaître « la sagesse des réflexions » de M. de Miromesnil, qui préfère la publicité d'un débat en bonne forme. « Cette affaire, ajoute-t-il, a effectivement fait une trop grande sensation dans le public pour refuser à cet homme le temps de se pourvoir en cassation... » Le soi-disant Mique demandait, en somme, une faveur. Le gouvernement de Louis XVI, qui avait horreur de l'arbitraire, la lui accorda. Le Conseil d'Etat privé du Roi, par sa décision du 3o octobre 1777, releva le suppliant « du laps de temps écoulé depuis la signification de l'arrêt du Parlement de Nancy » et l'autorisa à se pourvoir en cassation. La mesure était sage et n'offrait rien de fâcheux pour Richard Mique. Elle évoquait au grand jour du tribunal suprême un mystère dont la province lorraine n'était plus seule à se préoccuper. Toutes les pièces de la procédure allaient être versées au greffe du Conseil ; les mémoires des parties, imprimés suivant l'usage, mettraient la cour et la ville en état de discerner l'imposture. Aussi Mougenot, ne se méprenant pas sur la véritable portée de la grâce qu'on lui accorde, se voit-il obligé de perfectionner son rôle. M. Amelot prétend bien, d'accord avec le garde des Sceaux, ne pas le remettre en liberté sans conditions. « Nous sommes convenus en= semble, écrit-il à M. Lenoir, de lui accorder la liberté et un délai de trois mois pour lui laisser le temps de présenter sa requête en cassation au Conseil, comme il paraît dans l'intention de le faire. Je joins ici en conséquence l'ordre du Roi pour sa liberté de prison. Mais comme je suis persuadé qu'il n'en profitera que pour ré- pandre de nouveaux mémoires contre l'hon- neur et la réputation du sieur Mique, et peut- être pour ameuter la populace contre lui, comme il a déjà fait, je vous prie, en lui ren- dant la liberté, de lui défendre expressément ainsi qu'à sa femme de venir à Versailles, et surtout de répandre des libelles contre son ad- versaire, sous peine d'être puni avec la plus. grande sévérité. Il doit s'occuper uniquement

du soin de faire admettre sa requête... » Naturellement, Mougenot n'accepte pas la transaction. Il se drape dans sa dignité ; quinze jours
avant la réunion du Conseil, il est encore l'hôte
du Châtelet. On lui a ménagé toutes facilités
pour présenter sa requête et suivre son procès ; le public n'en saura rien et ne verra en
lui, cela seul importe, qu'un prisonnier faisant
appel, du fond de son cachot, à la justice du
Roi.

Nous n'avons que le titre du factum « *Pour
François Mique dit la Jeunesse contre le S. Richard Mique, son frère* ». Comment expliquer
cette éclipse totale d'un mémoire « répandu
avec la plus grande profusion à la cour, dans
la capitale et dans la province », si l'on en
croit Richard Mique et consorts, qui n'avaient
aucun intérêt à déguiser la vérité sur ce point ?
Par bonheur, nous ne sommes pas réduits à de
simples conjectures ; les minutes du Conseil
d'Etat reproduisent intégralement son placet
au Roi, qui pourrait bien être, à quelques va-
riantes près, le manuscrit original de cette bro-
chure rarissime ou disparue. Hypothèse très
vraisemblable, si l'on consulte le *Choix de nou-*

velles causes célèbres publié en 1785 par des Essarts. L'auteur de ce répertoire juridique analyse, et ne s'en cache pas, les mémoires imprimés à la diligence des parties. Il résume très fidèlement le mémoire de Richard Mique, dont plusieurs exemplaires sont venus jusqu'à nous ; or, si l'on excepte un très petit nombre de détails supplémentaires, son exposé du système de François Mique est tout à fait conforme au placet soumis au Conseil d'Etat. Avant d'entreprendre cet exposé définitif, Mougenot a eu tout le temps de se documenter et de réfléchir ; l'enfance de Claude Mique est brièvement racontée, sans trop d'invraisemblances, avec des détails exacts répartis de place en place. Un épisode est trop complaisamment développé, mais il le fallait bien. Le soi-disant Mique porte, à la lèvre supérieure, une cicatrice relevée sur tous les signalements de Mougenot, tandis qu'aucun signalement de Claude n'en a jamais fait mention. Nous devons donc apprendre que Simon Mique avait épousé sa servante en secondes noces. « Une domestique, subitement travestie en maîtresse, se préparait à exercer toutes les rigueurs d'un despotisme dont l'état, nouveau pour elle, ne lui présentait que charmes et ne présageait au suppliant que malheurs. » La marâtre, certain jour, frappa l'héritier du premier lit « si violemment qu'en le renversant du coup, sa tête porta sur un chenet chaud et aigu qui lui ouvrit la lèvre supérieure jusqu'à la hauteur du nez, et lui brûla la joue jusqu'à la hauteur de l'œil. » Vient ensuite un abrégé de l'adolescence de Claude, de ses débuts et de ses travaux ; on pouvait, sans être sorcier, connaître à peu près les faits et gestes d'un gaillard toujours en contact avec des ouvriers, et les constructions du roi Stanislas ne passaient point pour secrets d'Etat. Rappeler qu'en 1743 l'aile gauche du château royal de Lunéville brûla, et qu' « une grande salle échappa seule aux ravages des flammes (elle faisait partie de l'appartement du chancelier) », c'était user d'un subterfuge assez grossier, bon tout au plus à séduire l'imagination des naïfs. Il y a plus de perfidie dans une allusion à la première rencontre de Richard Mique et de Mougenot, en présence du lieutenant général de police. « Le riche s'oublia tellement qu'en feignant de ne point reconnaître le pauvre, il lui dit avec un transport de colère *qu'il avait fait mourir de chagrin son père.* C'était donc le reconnaître pour son frère, ou du moins pour un homme dont il avait connu le père. » La mauvaise foi est poussée si loin, que le rédacteur du placet lui-même n'ose pas aller jusqu'au bout. Sa prudente restriction ramène le débat sur un terrain où il est aisé de le suivre. Pourquoi Mique n'aurait-il pas connu le père de Mougenot, et pourquoi le pauvre homme ne serait-il pas mort de chagrin ?

Mais voici où faiblit le conteur. Pas plus que nous, il ne sait par quelle aubaine échut à son personnage une sous-lieutenance dans le corps des Volontaires de Maurepas. « Le suppliant crut se frayer un chemin à la fortune en le suivant », et voilà tout. Imprudence plus étrange : ses conseillers n'ont pas pris la précaution de lire, dans le *Mercure de France* d'août 1745, la relation très complète du commandant en second de l'*Elisabeth*, et il ne connaît pas le premier mot de l'affaire ; de grosses malices lui suffisent. Mougenot, indépendamment de sa cicatrice à la lèvre, en porte trois sur le corps. C'est un détail à exploiter.

« Le vaisseau croisa pendant quelque temps,
« il entra dans différents ports. Au mois de
« juillet 1745, on fit différentes prises. Dans
« l'un des combats qu'on fut obligé de livrer,
« le suppliant reçut trois blessures ; il en porte
« les cicatrices, elles doivent être désignées sur
« le Journal du Registre de la Marine... Dé-
« goûté d'un état dans lequel il avait couru
« le plus grand danger, peu après le combat
« le vaisseau ayant abordé dans une île, le sup-
« pliant quitta secrètement le vaisseau. C'est
« cette retraite secrète qui a donné lieu à la
« belle-mère du suppliant de le faire passer
« pour mort, fable que soutient le sieur Ri-
« chard Mique, son fils, contre la connaissance
« personnelle qu'il a de l'individu qui se re-
« présente... » Faut-il rappeler qu'il n'y a pas,
dans tout cela, un mot de vrai ?

Plus imprécise et moins abondante encore
est la relation de sa vie pendant vingt années,
de 1745 à 1765. Sept lignes du mémoire original la résument en ces termes : « Un navire
« faisait voile vers les Antilles. Le suppliant y
« monta. Sa vie alors ne fut plus qu'une suite
« continuelle de voyages, et pendant douze à

« treize ans il vit le Canada, la Chine, la Tur-
« quie. A Constantinople, il exerça la profes-
« sion de tailleur de pierre marbrier. Après
« trois années de séjour en cette ville, il s'em-
« barqua pour le Portugal, peu de jours après
« l'événement terrible dans lequel trente mille
« personnes périrent en un instant. Il partit de
« Lisbonne pour se rendre à Copenhague... »
En revanche, à la date de 1765, toute sa mémoire lui revient. Il passe modestement sur
les désertions de Mougenot, et fait sienne, sans
la moindre hésitation, la biographie du camarade, telle que la police l'avait reconstituée de
son côté. Il est bien entendu, toutefois, que s'il
s'est appelé Karl-Frantz Muckgenott, cette dernière forme est une simple traduction de son
nom de famille ; elle doit se lire Charles-François Mique la Jeunesse. Est-il besoin d'ajouter
qu'il ne laisse pas dans l'ombre « la persévé-
rance de témoins qu'il n'avait certainement pas
gagnés, vu sa grande misère... » ? La remarque
est assez adroite, et les témoins, en effet, ne lui
feraient pas défaut si la jurisprudence l'autorisait à les produire. Leurs dépositions devraient
être, à la vérité, passées au crible par un com-

missaire expérimenté, — assisté d'un spécia-
liste de la psychologie des foules, dirions-nous
aujourd'hui. Mais peut-on demander à l'opinion publique une telle perspicacité ?

Il n'y a de sérieux, dans tout ce fatras, que
l'exposé des moyens qui n'est certainement pas
de lui. Au fond, la preuve juridique du décès
de Claude Mique n'avait jamais été faite, et les
conseillers de Mougenot s'en doutaient. Les
rôles de l'*Elisabeth*, tels qu'ils ont été versés
aux Archives de la Marine, révèlent la plus dé-
cevante des négligences. Pour eux, le premier
sous-lieutenant des volontaires d'honneur est
simplement « *Mons. Micq* » ; une note marginale le désigne comme « tué au combat le
20 juillet ». L'année et le prénom sont omis.
Il y a plus. Une pièce effarante figure aux dossiers personnels des officiers : le certificat de
décès du sous-lieutenant des Volontaires de
Maurepas, *François* Mique, délivré le 22 mars
1774, signé, légalisé, scellé à la cire rouge ! Ce
document, reconnaissons-le, n'a jamais quitté
les bureaux ; rédigé de confiance à la demande
de Mougenot — comment expliquer autrement
une erreur de ce calibre — et avec le prénom

qu'il indiquait, mais arrêté à temps, l'acte a trouvé, à la longue, sa place dans les dossiers avec cette annotation « à classer aux portefeuilles des papiers utiles aux familles ». Mougenot et ses patrons n'en connaissaient pas tant, mais ils avaient le pressentiment de marcher en terrain plus solide. D'après eux, les certificats produits par Richard Mique étaient sans valeur. L'ordonnance de 1667, faisaient-ils remarquer, prescrit que les actes d'état civil soient portés sur un même registre, selon l'ordre des jours, et sans laisser entre eux aucun blanc. L'ordonnance du 20 avril 1717 a étendu aux hôpitaux militaires le bénéfice de cette pratique, et prescrit encore de dresser le signalement des soldats décédés. Pourquoi, en 1745, l'écrivain de la Marine embarqué sur l'*Elisabeth* s'était-il affranchi de ces formes légales ?

Le *Précis signifié pour le sieur Richard Mique, le sieur Petate de Montigny, ingénieur des Ponts et Chaussées en Lorraine, époux de demoiselle Marguerite Mique, et pour demoiselle Monique Mique, fille majeure, demeurant à Lunéville,* ne s'appuie que sur l'évidence et le bon sens. Les gens qui l'ont rédigé sont sûrs d'eux-mêmes, de l'honnêteté de leur cause et de la sincérité de leurs allégations. « On s'est attaché à ne pas rapporter un seul fait sans citer en même temps la pièce qui en établissait la vérité, et le numéro sous lequel elle était produite dans l'instance, ou le dépôt dans lequel on pouvait la trouver. Nous sommons la cabale qui fait mouvoir *Charles-François* d'imiter notre exemple ; et nous déclarons, par avance, que tous les faits qu'il rapporterait sans prendre la même précaution que nous sont faux et controuvés ; voilà notre unique réponse. Par rapport à ceux qu'il prétendrait être appuyés sur des pièces produites et dont il citerait le numéro, nous supplions les magistrats et le public de suspendre leur jugement, et nous nous engageons d'y répondre dans les vingt-quatre heures... »

Remarquons que Mougenot nous apparaît dans cet avertissement comme un pantin dont une malveillance plus avisée tient les fils ; le mémoire qui combat ses prétentions est pourtant aussi modéré que probant. Il met en pleine lumière ses impostures. Quelques-unes ont peu

de conséquence. Barbe Michel était la fille d'un
greffier de prévôté, et c'est pour humilier son
fils Richard qu'on en fait une servante.
D'autres sont plus significatives, et la mauvaise
foi du prétendu Mique s'y étale en erreurs gros-
sières. Il n'a vraiment pas de chance, il faut
bien le reconnaître, quand il entreprend de
préciser ses états de services militaires. Bitche,
où il dit avoir séjourné, n'a jamais été la garnison du régiment de Claude la Jeunesse. Il
prétend s'être engagé dans le régiment de Poitou dans les années 1737,1738,1739 et 1740 ;
les registres de contrôle ne mentionnent point
son nom. Il n'est pas plus heureux avec le régiment de Béarn qui, de 1735 à 1761, s'est
successivement appelé Richelieu, Rohan et la
Tour du Pin ; Claude la Jeunesse, dit la Victoire, a servi au régiment de Rohan Infanterie,
et c'est justement ce détail que l'imposteur
ignore, se faisant prendre à son propre piège.
Le récit du combat naval de 1745 est fantaisie
pure, et l'on sait que l'*Elisabeth* rentra à Brest
sans avoir touché aucune île ou terre ferme,
sans même avoir rencontré aucune voile. Les
aventures de vingt années de voyage autour du

monde, impudemment escamotées, se relèvent d'une assertion étrange : le tremblement de terre de Lisbonne, qui date de 1755, placé aux environs de 1761. Que penser, enfin, des signalements fournis par l'autorité militaire, et comment concilier leurs données contradictoires ? Claude-Nicolas Mique, sous-lieutenant aux Volontaires de Maurepas, a cinq pieds deux pouces, les cheveux châtains, les yeux roux, et pas de signe particulier. Charles-François Mougenot, déserteur du Royal Lyonnais, a cinq pieds cinq pouces, le visage long, les yeux gris, les cheveux et les sourcils bruns, et, comme signe particulier, une cicatrice à la lèvre. Le signalement du prétendu frère de Richard Mique reproduit ces caractéristiques, mot pour mot. Cette coïncidence ne paraît-elle pas extraordinaire ?

Parle-t-on de la question d'état ? Elle est posée avec une rare maladresse. Il y a bien eu dans la famille un *François* Mique, né le 9 juin 1720 ; il ne s'appelait pas Charles, et il est mort en nourrice, à Pont-à-Mousson, âgé de huit mois. En s'appropriant son extrait baptistaire, le soi-disant Mique ignorait que le

sous-lieutenant des Volontaires de Maurepas,
dont il prétend s'approprier la vie, portait les
prénoms de Claude-Nicolas. L'intrigant se dé-
nonce lui-même par d'étranges erreurs en matière de parenté. La tante dont il invoque le
témoignage est purement imaginaire ; Claude-
Nicolas n'avait que deux sœurs, qui sont parties au procès, et ne se disait le neveu de personne, ni du côté des Mique, ni même du chef
de Françoise Royal. Engagé le 5 décembre 1765
dans le corps royal danois sous le nom très
français de Mougenot, comme l'attestent les
copies certifiées des originaux qu'une traduction accompagne, il a pris le nom de Miquet
le 21 avril 1769 ; on le défie de rapporter un
acte antérieur à cette date qui ne soit pas sous
la forme Mougenot ou Muckgenot. Les pièces
militaires, qui ont été fournies avec toutes les
garanties d'usage par la légation danoise, s'appliquent sans exception à Carl Frank Mougenot. Son acte de mariage lui-même, daté du
28 mai 1771, porte ces prénoms et ce nom. Il
allègue, il est vrai, que Muckgenot équivaut à
« Mique la Jeunesse » ; des experts attesteront
que la prétention n'est admissible ni pour un

Allemand, ni pour un Suédois, ni pour un Danois. Quant à la mort de Claude-Nicolas, elle est certifiée par des pièces authentiques du ministère de la Marine, et par le témoignage formel du comte de Lancize, ancien commandant des Volontaires de Maurepas, qui vit encore. « Il faut se refuser à l'évidence pour « élever des doutes sur le décès d'un homme « que tous ses compagnons attestent avoir été « tué, qui est porté pour mort sur le rôle « de l'équipage, et qui n'a point reparu au « débarquement. »

Richard Mique et sa famille estiment qu'il est temps « de faire finir la comédie que *Charles-François* donne depuis six ans à la capitale et à la province. » On a voulu compliquer cette affaire en y mêlant une question d'intérêts. « La succession du sieur Simon « Mique avait donné à chacun des enfants « 15.000 livres. Le droit de *Charles-François*, « s'il en avait, ne serait que d'un cinquième, « ce qui ferait, pour chacun des individus, un « objet de 3.000 livres. De bonne foi, peut-on « supposer que pour un aussi médiocre inté- « rêt le sieur Mique eût balancé à le recon-

« naître pour son frère, s'il eût eu quelques
« caractères capables de le rapprocher de
« Claude-Nicolas ? »

Au surplus, leurs conclusions n'ont rien
d'excessif ; ils prétendent se désintéresser du
personnage, et le laisser libre de s'appeler
comme il lui plaira. « Qu'il soit un imposteur
« pour avoir pris le nom de *Charles-François*
« Mique, ou que le nom lui appartienne, rien
« de plus indifférent ; et il n'en sera pas moins
« vrai que dans l'un comme dans l'autre cas,
« il n'est pas le fils de *Simon* Mique et de *Fran-*
« *çoise* Royal. C'est cette dernière question
« seule que le Parlement de Nancy a jugée. »

L'arrêt du Conseil d'Etat privé, rendu le
21 mai 1779, atteste une étude minutieuse et
patiente des moindres faits de la cause. Toutes
les pièces d'un formidable dossier, sommairement analysées, classées avec méthode en une
suite volumineuse de considérants, édifient peu
à peu une démonstration si nette que le Conseil
n'a pas besoin d'y ajouter un mot. Il n'engage son opinion que sur un point : la validité
des actes fournis par la Marine, qui, un peu
hâtivement dressés dans la fièvre d'un appa-

reillage ou le désarroi sanglant d'un combat naval, étaient cependant des pièces de bonne foi. Il stipule que l'extrait mortuaire fourni le 8 novembre 1773 par le Bureau des Armements du port de Brest est revêtu « de toutes les « formalités nécessaires, requises et usitées, « qu'on n'en a jamais employé d'autres pour « constater la mort des officiers et gens des « équipages des vaisseaux du Roy, ou autres « personnes qui s'y trouvent embarquées, que « cette forme est autorisée et établie par toutes « les ordonnances rendues sur le fait de la « marine. » Quant à l'arrêt lui-même, il est bref, net et tranchant. « Le Roy en son Conseil faisant droit sur l'instance a débouté et déboute le soi-disant François Mique de sa demande en cassation, l'a condamné en l'amende et aux dépens. »

Contre toute apparence, l'affaire Mique n'est point close. Elle n'en est même encore qu'à la période des débuts, et déjà son absurdité nous déconcerte, nous oblige presque à nous de-

mander si nous sommes bien informés et clairvoyants. Comment une fiction aussi dénuée de
vraisemblance a-t-elle pu naître et durer ?
Sommes-nous en possession de tous les faits
de la cause ? L'administration royale ignora ce
scrupule ; un fait, entre tous, mettait sa conscience en repos. Peut-être Richard Mique ne
l'a-t-il jamais connu. Le comte de Lancize,
nous l'avons dit, se trouvait à Versailles à
l'époque de la première arrestation du soi-
disant Mique ; on le pria de se rendre à la geôle
de la Prévôté, et on le mit en présence de son
prétendu subordonné. « Il eut la complaisance
« de l'interroger lui-même, écrit en 1781 le
« ministre de la Maison du Roi au chargé d'af-
« faires de Danemark, et lui prouva qu'il
« n'était qu'un imposteur. Mougenot ignorait
« jusqu'à l'uniforme de la légion dans laquelle
« le sieur Mique, qu'il veut représenter, a été
« tué. Comme il était en drap gris de fer brodé
« en or, il ne pouvait être oublié d'un officier
« qui y aurait servi. » Psychologie sans ré-
plique ! Imaginait-on qu'un soldat pût ne pas
se rappeler la couleur de son premier uniforme
de sous-lieutenant ?

Plaidée devant un de nos tribunaux, la cause du soi-disant Mique trouverait probablement des arbitres plus timorés. Il y aurait expertise médicale ; la Faculté serait convoquée à la barre ; l'aventure du plaignant, victime d'une maladie de la mémoire, inédite peut-être, serait érigée par la défense en cas pathologique rare et intéressant. Arrêtons-nous un instant à cette hypothèse, la seule que l'on puisse raisonnablement invoquer. Elle est encore trop fragile pour résister à un examen sérieux. Il faut admettre que toutes les pièces versées au Conseil d'Etat pour convaincre Mougenot, le tailleur de pierre d'Epinal, de s'être appelé Muckgenot, puis Miquet, puis Mique, sont des documents falsifiés. Il faut supposer que M. de Lancize s'est trompé en déclarant sans ambages que « M. Mique fut tué à l'arrière du vaisseau, à côté de lui » ; que le chevalier d'Estimonville s'est imaginé à tort l'avoir fait jeter à la mer « avec les précautions usitées pour que son corps ne surnageât point » et que cette illusion a été partagée par les deux camarades qui l'assistaient, M. de Cohade et le chevalier de Formet. Il faut croire que Mique, étourdi par une blessure, est tombé à la mer ou y a été jeté, qu'il s'est instinctivement cramponné à une épave, et qu'il a été recueilli sans connaissance, quelque temps après la bataille ; les sauveteurs ont oublié de le faire prisonnier s'ils étaient Anglais, de s'en débarrasser en le conduisant à l'hôpital s'ils étaient Français ou neutres. Jamais, remarquons-le, le pseudo-Mique n'a rien dit ou fait qui nous encourageât dans cette voie. Aux audiences de janvier 1793, sa famille, qui aura enfin le droit de parler sans contrôle, et ne s'en privera pas, insinue que l'appel eut lieu seulement en rade de Brest. Sa fille, qui a recueilli ses confidences, dans sa « Dénonciation à l'assemblée nationale », revendiquera pour son père le rôle d'un pleutre « si effrayé du combat qu'après ce combat il quitte secrètement le vaisseau et s'embarque pour les Indes ». Mais ne cherchons pas à faire le jeu de Richard Mique, et passons sur ces divergences. Laissons au prétendu Claude le bénéfice d'une maladie mentale si singulière qu'en reprenant peu à peu son ancienne personnalité, il a recueilli à tâtons le faux et le vrai, même en matière d'état civil.

Toutes ces concessions ne nous tirent pas encore d'affaire. Comment se fait-il que cette mystérieuse amnésie de vingt années n'ait pas eu un témoin, ni laissé une trace ? « Par quelle « fatalité chaque jour de sa vie, depuis 1765, « se trouve-t-il marqué par quelque trait par- « ticulier, par des actes publics, par des passe- « ports ministériels ? Tandis que pour les « vingt années antérieures, il ne rapporte pas « un seul adminicule qui tende à prouver même « son existence ? » La remarque est de l'avocat Thacussios, dans le Précis de 1778, et le temps n'en a point affaibli l'à-propos.

Hypothèse pour hypothèse, il n'est pas plus déraisonnable d'accepter l'opinion des juges de Mougenot, et de tailler à sa mesure, sans recourir au merveilleux, une explication plausible d'un procès extravagant. Enfant de la province lorraine, il a travaillé chez l'un des Mique, entendu dire dans ses années d'apprentissage que le sous-lieutenant Claude n'était pas mort comme tout le monde, et qu'il avait la succession de sa mère à recueillir. Vingt ans après, bohème incorrigible, réduit à chercher un nom d'emprunt par ses désertions répétées, il s'est assez naturellement rappelé celui de son ancien patron — aidé peut-être par la réputation de Richard Mique, dont on commençait à parler sur les chantiers où on l'embauchait de temps en temps. Un souvenir appelant l'autre, l'héritage disputé à Lunéville lui est revenu en mémoire, et la couturière norvégienne dont il fit la conquête ne fut peut-être pas insensible à cet argument. Souvent repris et développé, le roman prend figure et devient peu à peu un article de foi dans le ménage. Pourquoi rentreront-ils en France, à l'automne de 1772 ? Pour satisfaire leur sensibilité, insinue gravement l'imposteur dans sa requête au Roi. « L'esprit de retour qu'il avait toujours conservé, les liens de la nature qui n'étaient point brisés pour lui, le ramenaient dans les lieux qui l'avaient vu naître. Son père qu'il croyait vivant, son frère, ses camarades, tout offrait à son cœur des désirs que l'absence et le temps ne rendaient que plus pressants. La religion venait aussi couronner ces puissants motifs. Sa femme, élevée dans les erreurs du luthéranisme, brûlait de connaître les grandes vérités d'une religion plus pure que la sienne. Que fallait-il de plus pour déterminer le suppliant à revenir en France ? » Cela, les dévots d'Amiens eux-mêmes ne l'ont pas cru, ou du moins ne l'ont pas cru longtemps. C'est la faim qui fait sortir ces loups du bois ; la famille est dans la misère et accule Mougenot à l'obligation d'aller réclamer l'héritage dont il a tant parlé. Il hésite d'abord, essaie sa fable, incomplète encore, sur ses premières dupes, des marchands de vin et des traiteurs. Soupçonné enfin d'être le déserteur Mougenot, il paie d'audace et affronte le bailliage de Nancy pour éviter la maréchaussée d'Amiens. L'intrigue et l'intrigant sont médiocres ; il a fallu, pour les soutenir, un concours de circonstances vraiment extraordinaires.

Car, on ne peut pas en douter, le public a d'abord pris parti pour Mougenot. « La Richesse heureuse jouit de l'humiliation de la Pauvreté sans crédit. » C'est en ces termes que l'aventurier résumait, par une simplification hardie, le deuxième arrêt des magistrats de Nancy. Les âmes sensibles n'en demanderont pas davantage ; quand l'intérêt personnel n'est pas en jeu, on se range volontiers du côté

de la victime qui a su se rendre intéressante.
Le fait est qu'en choisissant trop tôt la carrière d'innocent persécuté, qui ne deviendra un
peu rémunératrice qu'avec Latude, Mougenot
avait voué sa famille à une misère dont Richard
Mique, nous le verrons, eut la générosité ou
la prudence de s'émouvoir. Nous plaignons,
assurément, les pauvres enfants qui, dans les
prisons du Roi, attendriront les geôliers eux-
mêmes. Mais à qui s'en prendre de leur détresse ?

Les honnêtes gens, eux aussi, dont la conscience scrupuleuse, mise en éveil par la réhabilitation de Calas, soupçonne en toute cause un
peu complexe une nouvelle erreur judiciaire,
s'intéresseront d'emblée à cet officier disparu
que les siens ne veulent point reconnaître. Le
gros public, qui n'y entend pas malice, n'aura
ni l'expérience ni la perspicacité nécessaires
pour débrouiller une affaire plaidée devant des
juridictions différentes. La question d'argent
est le refrain de Mougenot ; les Mique sont déjà
suspects par le fait qu'on leur en réclame.
Distinguera-t-on, pour les obliger, entre le
fond du procès, et la forme ?

Pourquoi le plaignant; sauvé du Présidial par
le Parlement de Nancy, a-t-il été condamné ensuite par ce même Parlement ? Pourquoi Richard et ses sœurs sont-il si modérés, et
laissent-ils Mougenot s'approprier le nom de
Mique, s'il n'est pas vraiment le fils de leur
père ? Les partisans de la réforme judiciaire,
qui sont déjà légion, peuvent s'étonner, de
leur côté, que la preuve par témoignage ne
soit pas prépondérante en l'occurrence. Remarquons en passant qu'aujourd'hui encore
bien des gens ne penseraient pas autrement.
Pourtant, la justice royale n'avait peut-être pas
tout à fait tort. Le comte de Lancize ne recon-
naissait pas, dans le prisonnier de la Prévôté
de Versailles, le sous-lieutenant Claude Mique.
Le sieur Bert, compagnon marbrier, voyait en
lui son ancien camarade Charles Mougenot,
déserteur de France, qui avait partagé sa
chambre en Danemark, jusqu'au jour où il
avait dû se débarrasser de l'ivrogne. Il donnait
l'adresse de son patron, le sieur de Mondes-
pent, faubourg Saint-Laurent, Paris. Il offrait
de tenter l'épreuve d'une confrontation, et
spécifiait que le jeudi 21 janvier 1779, un in-

termédiaire complaisant était venu le trouver pour le sonder, et tout au moins acquérir son silence. En revanche, sept témoins lorrains juraient que c'était bien là Claude Mique, dit *Dadiche*, « pour l'avoir vu dans la maison paternelle ». La justice prenait acte de ces dépositions inconciliables, et passait à l'examen de documents authentiques qui ne lui laissaient aucun doute. Oserions-nous vraiment l'en blâmer ? Rappelons-nous le procès Druce-Portland qui, au début du xxᵉ siècle, fit tant de bruit à Londres. Le duc de Portland, cinquième du nom, s'est avisé de tenir son existence en partie double : grand seigneur dans son hôtel de Harcourt House, et boutiquier dans un bazar de Baker Street sous le pseudonyme de Thomas-Charles Druce. Lassé de ce jeu compliqué, il s'est décidé à mourir en tant que boutiquier, à la fin de décembre 1864. Telle est du moins la version d'un certain Hollamby Druce qui, en 1907, dispute à des collatéraux l'héritage des ducs de Portland. Pour Hollamby Druce, les obsèques de Thomas-Charles ont été simulées, et le cercueil inhumé au cimetière de Highgate est vide. La justice anglaise ne peut se résoudre à ordonner l'exhumation. On lui produit enfin des témoignages irrécusables : elle entend les prétendus complices du vieux duc, qui ont tout préparé pour les fausses obsèques de 1864. L'opinion publique s'émeut. On ouvre la tombe. Elle contient bien les restes du commerçant de Baker Street. — Où trouver un exemple plus frappant de la fragilité des témoignages, du moins en matière de procès romanesques ?

D'autres circonstances servaient encore Mougenot. Les contemporains, cœurs sensibles, étaient pénétrés d'une inconcevable indulgence pour des rêveries qui n'avaient pas le sens commun. On avait cru, ou feint de croire, en pleine cour de Louis XV, à Saint-Germain l'immortel. Quelques mois après l'arrêt de 1779, sur une place de Strasbourg, Cagliostro faisait appel aux souvenirs de son laquais pour préciser l'emploi de son temps, le soir de la crucifixion de Jésus-Christ ; distraction pure, puisque ce fidèle valet n'était à son service que depuis quinze cents ans. La *Correspondance de Métra*, qui n'est point rédigée pour de petites gens, regorge de faits divers extravagants, aux années mêmes où elle évoque l'affaire Mique. Le fantôme d'un supplicié revient, la nuit, sur la place de Grève pour proclamer son innocence. Un bigame, rentrant d'Amérique eu France, s'y trouve aux prises avec sa première femme légalement morte. Une vieille domestique, assistant à un double accouchement, a, par étourderie, placé dans le même berceau les deux enfants que leurs mères ne peuvent plus reconnaître. Une noyée, dont on avait repêché le cadavre, reparaît au décès de son mari pour réclamer sa part de succession. Un jeune dissipateur se sauve à Amsterdam avec un de ses amis, l'un prenant le nom de l'autre, « pour être réciproquement plus en sûreté ». L'ami meurt, et le dissipateur revenu en France pour recueillir l'héritage de son père ne peut plus prouver sa véritable identité. Un banqueroutier, arrêté dans sa fuite au moment où il allait passer la frontière, et ramené à Paris, propose quelques rafraîchissements à l'inspecteur de police qui l'accompagne, pendant que l'on change les chevaux. Le trop confiant policier accepte, et avale une forte dose d'opium adroitement jetée dans son verre.

Il se réveille, ligoté, bâillonné, dépouillé du mandat d'arrêt, de ses pièces d'identité et passeports. On devine la suite : au nom du Roi, l'aigrefin requiert la maréchaussée la plus voisine d'incarcérer un malfaiteur dangereux, et reprend tranquillement son voyage. Espérons qu'aucun de ces contemporains de Voltaire ne prenait pour argent comptant de semblables balivernes ; les abonnés de la *Correspondance* y cherchent des sujets de conversation, et les nouvelles qui leur sont fournies doivent, à tout prix, piquer leur curiosité. Quand Métra annonce, en 1778, que Mougenot vient d'être autorisé à se pourvoir devant le Conseil d'Etat, son résumé de l'affaire ne tend qu'à la rendre dramatique à souhait. Succession d'un père et d'une mère que Richard Mique se refuse à rendre, lettres de cachet par la vertu desquelles le ressuscité reste enfermé au secret jusqu'à l'expiration des délais accordés par la loi pour les demandes en cassation, tout s'y trouve, hors la pure et simple vérité dont l'auteur n'a cure, tant elle semblerait plate à son lecteur blasé. Sans s'en douter, simplement pour complaire à l'universelle badauderie, Métra favorise les prétentions et les menées d'un triste sire dont il ignore les antécédents. Lorsque de beaux esprits enjolivent ainsi une mauvaise cause, comment faire entendre la voix du bon sens ?

Enfin, si paradoxal que soit l'événement, Mougenot a des partisans avérés, qui n'ont pas à se préoccuper du public, et le soutiennent assez ouvertement de leur crédit. Le journal de Durival porte, à la date du 18 novembre 1777 : « Le faux Mique est arrivé à Nancy « avec un cuisinier de madame de Brancas qui « dit qu'il n'y a personne à Paris qui ne soit « sûr de l'innocence de cet homme ; que M. le « duc de Penthièvre a été le voir dans sa prison. » Philanthrope de profession, ce grand seigneur ne pouvait poursuivre de noirs desseins ; pas plus que madame de Guignes ou la comtesse de Crèvecœur, chanoinesse d'Epinal, dont les noms nous sont révélés au hasard des correspondances. Ces défenseurs bénévoles connaissaient-ils au moins le singulier client dont ils endossaient si allègrement les hâbleries ? N'attachons pas plus d'importance qu'il ne convient à une démarche de M. de Blome, envoyé extraordinaire du roi de Danemark à la Cour de France ; son intervention, sollicitée sans doute par Catherine Ahrenfeld, ne va guère au delà d'une demande de renseignements. La longue dépêche du ministre Amelot, datée du 5 mai 1781, ne tend qu'à lui ouvrir poliment les yeux. « Le nommé Mougenot, auquel il a la bonté de s'intéresser, ne lui est certainement point connu ; c'est un très mauvais sujet qui, depuis 1774, est le persécuteur d'une famille honnête, généralement estimée, et dans laquelle, malgré toutes les lois qui le condamnent, il veut s'introduire... La femme Mougenot ne vaut pas mieux que son mari... Ils sont du nombre des gens qu'il faudrait renfermer à perpétuité, pour assurer le repos et la tranquillité publics... » Au surplus, une enquête, « dont il est résulté la preuve la plus complète des fourberies de Mougenot », a déjà été faite par M. Schutz, conseiller de la légation de Danemark ; M. de Blome peut en conférer avec lui. L'ambassadeur, probablement convaincu, n'insiste pas davantage. Un autre correspondant est plus tenace, sans se montrer mieux informé ; c'est un gentilhomme lorrain,

et non des moindres, le marquis de Raigecourt,
comte du Saint-Empire, chambellan de LL.
MM. I. et R., grand sénéchal de l'insigne chapitre de Remiremont. Pendant plusieurs années, il se porte garant de Mougenot, s'adres-
sant d'abord à M. Amelot, puis au garde des
Sceaux, et enfin, en désespoir de cause, au
prince de Montbarey, ministre de la Guerre,
par l'intermédiaire d'un de ses familiers. Il
expose assez longuement « un faible abrégé des
vexations que ce malheureux a essuyées »; le
morceau pourrait nous révéler d'intéressantes
nouveautés ; M. de Raigecourt ne dissimule pas
son hostilité à l'égard de Richard Mique. Lui
tient-il rigueur de sa noblesse de fraîche date ?
Chambellan de LL. MM. I et R, a-t-il épousé
les rancunes du parti des anciens ducs de Lorraine, qui en veut toujours à Stanislas et à ses
protégés ? Agit-il par sensibilité pure ? Car il
a l'âme virgilienne : « On ne peut entendre
l'histoire de cette famille désolée sans en être
affecté et sans répandre des larmes ». — Nous
n'en savons rien, mais nous sommes bien obligés de reconnaître que ce seigneur compatis-
sant et crédule manque tout à fait de sens cri-

tique. Pour lui, Richard Mique nourrit les desseins ténébreux d'un traître de mélodrame ; les rêveries de Mougenot, par contre, deviennent paroles d'Evangile. « Ce malheureux, après une assez longue absence, est revenu dans sa patrie... On l'avait dit mort ; il croyait recueillir sa portion de l'hérédité de ses père et mère, et que sa naissance lui assurait ; mais il était trop gueux, et son frère avait trop de vanité pour le vouloir reconnaître ; aussi, au lieu de lui tendre les bras d'un frère tendre, il le fit arrêter comme vagabond... Il est, comme vous le voyez, bien digne de pitié et mérite la protection de toute personne qui a de la religion... » Telle est encore, en janvier 1780, plusieurs mois après le verdict du Conseil d'Etat, la doctrine de M. de Raigecourt ; si simple et si commode, qu'elle doit compter beaucoup de disciples. Elle ne comporte qu'un seul raisonnement : « Cet homme est un individu qui a une femme et des enfants, il lui faut un état ; tout citoyen quelconque n'a rien de plus cher ni de plus précieux. » Argument bien faible ; si Mougenot ne peut se passer d'un état civil, — droit que personne ne lui conteste, — pourquoi n'a-t-il pas conservé le sien ?

Le comte d'Hamilton, qui vient à la rescousse trois ans plus tard, n'est pas un défenseur plus heureux que M. de Raigecourt. Bon militaire, il a pris ses précautions pour l'attaque : nous lisons en marge de sa lettre « remise par une personne connue du ministre, en ses mains propres, afin qu'elle ne passe pas par les bureaux. » Par malheur, son argumentation qui s'étale sur quatre pages de grand format aux lignes serrées, ne dissipe pas, elle non plus, les obscurités de l'intrigue. Neveu du feld-maréchal Hamilton, il connaît depuis longtemps « un homme nommé Micque », qui a travaillé chez son oncle. C'est un sujet « beaucoup trop borné pour être en état de jouer le rôle d'un imposteur. » Il l'a retrouvé à Nancy, où les hasards de la vie de garnison l'avaient lui-même conduit. « Voilà la raison de l'intérêt que j'ai pris à cette affaire dans différentes occasions... » M. Amelot ne change pas d'avis pour si peu, car il sait à quoi s'en tenir : Mougenot avait déjà inauguré en Suède son usurpation d'état civil. Le comte d'Hamilton est berné comme tant d'autres, et victime de sa sensibilité trop confiante. « Les malheureux pour lesquels je m'intéresse ignorent la démarche que je fais, et même que j'ai l'honneur d'être connu de vous. C'est l'intérêt que tout honnête homme doit prendre à des infortunés qui m'a mis la plume à la main... »

Des protecteurs aussi qualifiés ont pu faire l'aumône à Mougenot, lui payer un avocat, habiller ses enfants, désintéresser son logeur ; en venant à son secours, ils étaient ses dupes, et non ses complices. Par malheur, le triste personnage avait d'autres relations, et servait aussi aux basses vengeances d'intrigants sans scrupules. Richard Mique le dit formellement, et à plusieurs reprises dans son Précis de 1778.

« Nous sommons la cabale qui fait mouvoir
« Charles-François d'imiter notre exemple...
« Charles-François sacrifie son intérêt person-
« nel au projet combiné d'attaquer le sieur
« Richard Mique, de jeter sur sa conduite un
« odieux ridicule, de se venger, par de plats
« sarcasmes, de la faveur dont il est honoré...
« Esclave maladif d'une odieuse cabale, il se
« laissa conduire jusqu'aux pieds du trône

« pour jeter sur le sieur Richard Mique tous
« les ridicules que peut imprimer une haine
« impuissante... Nous nous étions laissés em-
« porter à la pitié qu'inspire naturellement
« un automate, instrument malheureux de
« l'envie, et qui suit aveuglément des impres-
« sions étrangères dont il ne connaît pas les
« conséquences... »

Qu'on ne voie point là, surtout, la parole
nerveuse d'un honnête homme traqué et meur-
tri. Il fallait nourrir une haine féroce contre
le malheureux architecte pour lier partie avec
un sacripant et lui dicter ces lettres d'injures
dont les papiers personnels de Mique nous
offrent des échantillons. Car Mougenot sait
tout juste écrire ; il reproduit les mots comme
il les entend, au petit bonheur, sautant même
des groupes de caractères et des lambeaux de
phrase quand il ne peut suivre la dictée. Les
lettres sont anonymes ; une seule est signée,
Mique et *Dadichet* ou *Dadichel* à la fois ; elle
date de 1784, car il y fait part de la mort de
sa femme. Elle porte encore un cachet de cire
noire rompu en son milieu, mais où l'on distingue assez bien un fragment d'étoile, un

croissant de lune, et une sphère entre deux maillets ; Mougenot faisait flèche de tout bois. La pièce mérite d'être intégralement reproduite. « A Monsieur Mique premie architecte h'ononraire durois à lh'otelle Gabriel à Versailles.., Monsieur, ma croiance masuret mais je ma prersois du contrire vous ne trouveré pa mauvais que je vous le fasse connettre vous tanté a ma paine je ne tante pas a lavotre méchand pour mois et mes enfans à frerre dénaturré je part que Dieu vous bénisse mal que je vous veus, qu'il marive et toutte la familles vous nette pa moin mons frrere a dieurs Barbar dénaturé vous et vôtre famme vous deverougire je ne charge poin nos seur a dieur selereras vous avé causé la mort de ma feme fatal moment pour mois à dieu frerre pour tous jour... » Si informe que soit ce court billet, Mougenot ne l'a certainement pas écrit tout seul ; telle phrase que nous reconstituons sans trop de peine (que Dieu vous bénisse, c'est tout le mal que je vous veux) dépasse de beaucoup ses moyens et trahit la présence d'un collaborateur obligeant et instruit. Mais il faut supposer que l'écolier est, ce jour-là, inattentif aux suggestions du maître, ou qu'il a prétendu voler de ses propres ailes. Passons à une autre lettre, parachevée en des jours meilleurs ; et, pour n'être pas arrêtés perpétuellement par la barbarie de la forme, lisons à haute voix. Découverte étrange, la phrase péniblement mutilée par un ignorant fieffé, recèle une période conforme aux procédés oratoires. « Monstre d'horreur et d'iniquité, ta rage, ta rapacité, ton ambition, ton orgueil, l'envie d'avoir le bien de ton frère auront-ils bientôt rassasié ton avarice ? Oses-tu lever les yeux au ciel après tant d'horreurs ? Quand finiras-tu de persécuter l'homme opprimé ? Le sang qui coule dans tes veines ne frissonne-t-il pas aux crimes que tu commets ? Toutes les âmes bienfaisantes, jusqu'au Grand Chambellan de l'Empereur, et quelques seigneurs de la cour, attestent l'horreur de ta persécution. Tu oses prendre pour bouclier l'appui d'une princesse auguste, à qui tu en imposes, que tu trompes tous les jours, qui de bonne foi croit que tu n'es pas le frère de celui que tu persécutes. Il viendra un temps, et il est plus proche que tu ne penses, où le voile que tu as rendu par tes forfaits si épais et si ténébreux tombera. Tu as beau faire traîner ton frère et ton sang de cachot en cachot ; s'il y succombe, la terre s'ouvrira pour donner de nouvelles forces à l'innocence opprimée, et pour te confondre dans l'abîme qui t'attend. Le jeune âge et ses descendants, le secours et les protections des âmes bienfaisantes se réuniront un jour et te couvriront d'opprobre. Va, scélérat, horreur de la nature, c'est trop longtemps m'occuper de tes forfaits et de tes attentats. Crains l'instant où ce voile ténébreux tombera. Tes jours de faveur sont plus près de leur fin que tu ne t'imagines. C'est en ce temps que la candeur triomphera du tyran qui opprime l'innocence ; et, par des lettres circulaires, je rendrai l'humanité confidente de tes forfaits, et elle jugera de l'horreur de tes crimes. » Mougenot transcrivait ces apostrophes comme il eût copié du chinois ; mais le maître chanteur, son patron, avait fait sa rhétorique et savait sa langue.

Qui soupçonner ? L'avocat Billard « peu estimé dans son corps », si l'on en croit M. Amelot ? Il soutiendra longtemps la cause de Mougenot, jusqu'à la Révolution tout au moins ; mais il n'est, lui aussi, qu'un instrument, et les véritables ennemis de Richard Mique ne se laissent pas deviner. La cabale qui réussit à faire vivre une aussi étrange imposture peut n'être pas très nombreuse ; elle bénéficie de circonstances qui lui assurent la complaisance de l'opinion. Mique a eu trop de chance ; il a fait son chemin trop vite ; bien des gens, en Lorraine et à la Cour de France, ne se sont point accommodés de sa fortune, où nous discernons si volontiers la part du travail et du mérite. Les *Mémoires secrets* de Bachaumont, quand ils enregistrent, en termes aigres-doux, sa nomination de premier architecte, encouragent et flattent déjà une malveillance à l'affût. « Le sieur Gabriel, premier architecte du Roi, donne la démission de sa place, et S. M. a nommé à sa place le sieur Mique, chevalier de Saint-Michel, et ci-devant premier architecte du roi de Pologne, duc de Lorraine ; *ce qui doit donner une haute opinion de ses talents inconnus dans ce pays-ci et de son économie...* »

On possède deux portraits de Richard Mique ; deux effigies d'un même homme furent rarement plus dissemblables. Le petit dessin du musée Carnavalet, au crayon noir rehaussé de couleur, est daté de 1790 et provient de la collection Destailleur. Non signé, un peu gauche, mais très évidemment sincère, il représente l'homme arrivé, méditatif et paterne, bourgeois alourdi par l'âge qu'abattra bientôt la rhétorique meurtrière de Fouquier-Tinville. On ne le compare pas sans étonnement à la toile exposée au Musée lorrain de Nancy, sous la responsabilité d'Heinsius, et dont M. de Nolhac a donné une si parfaite reproduction dans son *Trianon de Marie-Antoinette*. Nous conclurions presque à une méprise, si une tradition de famille, affirmée en 1860, — alors que des souvenirs précis vivaient encore — ne nous garantissait l'authenticité du personnage. C'est qu'Heinsius, peintre de Mesdames, a représenté l'artiste dans sa maturité, à l'époque où. doublant les étapes, il sait donner des rendez-vous décisifs à la fortune. L'œuvre est élégante, sobre et d'assez grande allure ; nous pourrions cependant lui souhaiter un peu plus d'abandon et de séduction. Mique se présente à nous à peu près sous les dehors d'un sociétaire de la Comédie-Française, prêt à entrer en

scène pour y jouer le rôle d'un noble raison-
neur. Heinsius, qui passe pour n'avoir pas souvent flatté ses modèles, a accentué le contour
précis et volontaire de la bouche, la ligne vigoureuse du menton ; le regard, voilé de mé-
lancolie et de froideur, donne à la physionomie
quelque chose d'ingrat et de fatal. En tous cas,
l'intelligence, la volonté, la réserve élégante
caractérisent son œuvre ; elles sont bien les
qualités maîtresses de cet artiste de cour, qui
sut conquérir tour à tour Stanislas et Marie
Leczinska — ce qui n'était probablement pas
très difficile — mais aussi Madame Adélaïde,
entreprise déjà plus malaisée, et fixer enfin l'in-
souciant caprice de Marie-Antoinette. Le solli-
citeur lorrain, assez cavalièrement éconduit par
l'administration française à la mort de Stanislas, se trouvait pourvu, dix ans après, des
charges les plus considérables qu'un architecte
pût souhaiter : intendant et contrôleur général
des Bâtiments de la Reine (1774), premier architecte du Roi (1775), directeur de l'Académie d'architecture (1776).

La confiance des reines, source d'un généreux crédit, avait aussi ses périls. Mique ne

pouvait réaliser leurs volontés et leurs fantaisies sans se heurter à de puissants personnages, que nous ne saurions toujours blâmer d'avoir été susceptibles. Le comte de Noailles lui écrivait, à l'époque des premiers travaux du couvent de Marie Leczinska : « Enfin, après bien « des peines et des soins, Monsieur, vous voilà « arrangé au mieux : onze arpents au moins « au lieu de cinq ; des pierres toutes taillées à « vos ordres, et du moellon à prendre dans « votre poche ; mais vous saurez que tout a été « fait un peu contre la règle, l'on a été en « avant sans avoir d'ordre de moi par écrit... » Dix ans plus tard, le comte d'Angiviller ne pouvait admettre que les dépenses de la fête du 23 juillet 1776, donnée au Petit-Trianon par Marie-Antoinette, eussent été engagées sans qu'il en approuvât les devis. « C'est ici une « des dernières occasions, déclarait-il à Mique, « dans lesquelles je procéderai sur d'aussi sim- « ples aperçus... Je n'admettrai plus que des opérations constatées et détaillées. » La boutade joviale du comte de Noailles, l'avertissement plus comminatoire de M. d'Angiviller avaient au fond la même cause. Mique était quoiqu'il en eût, le trouble-fête, le bourreau d'argent acharné à compromettre l'équilibre de budgets péniblement édifiés ; mais il avait derrière lui la Reine, et il fallait bien le satisfaire. Les compensations ne lui manquaient pas; Marie-Antoinette semble avoir voulu le dédommager de cette situation un peu fausse par des égards exceptionnels. Au Petit-Trianon, quand le Roi lui-même n'est qu'un invité de passage, l'architecte de la Reine a — privilège unique — son petit appartement au-dessus des salons de la Comédie. Il dispose d'une place de parquet aux représentations de 1780 où Marie-Antoinette tient un rôle, toutes portes closes, pour inaugurer la charmante petite salle qu'il a construite. Ses ennemis eux-mêmes seraient mal venus à prétendre que l'on tolère en sa personne le praticien de petite noblesse, dont la présence peut tout à coup devenir indispensable ; on retrouvera dans sa garde-robe, pour la vente de l'an III, le manteau écarlate imposé par la fantaisie de la Reine aux habitués de ses fêtes. Faveurs ardemment enviées, bien dangereuses si l'on songe que les dépenses du Petit-Trianon et le dépit des courtisans tenus à l'écart de ses plaisirs, préparaient à Marie-Antoinette elle-même une redoutable impopularité. « Tu oses prendre pour bouclier l'appui d'une princesse auguste à qui tu en imposes, que tu trompes tous les jours... » La lettre perfide, qui vilipendait l'architecte, atteignait déjà sa protectrice.

A plusieurs reprises, Mique a dénoncé la cabale qui s'acharnait après lui avec une médiocre tendresse pour son prétendu frère, mais un ardent désir de l'humilier lui-même et de travailler à sa ruine. Il n'était pas le seul, en cette fin du xviiiᵉ siècle, à bien savoir comment procède la calomnie. Beaumarchais en a parlé plus éloquemment, et l'a stigmatisée pour toujours. Notre génération, qui a banni le mélodrame de son répertoire, et ne croit plus guère à la puissance des machinations occultes, se demanderait volontiers s'il n'y a pas beaucoup de littérature dans la fameuse tirade de Basile. Il faut bien se rendre à l'évidence ; en un monde où la faveur tenait tant de place, la rancœur des envieux mal pourvus se ménageait une issue. On calomniait à coup sûr ; il en restait toujours quelque chose.

III

LA PRÉVÔTÉ DE L'HÔTEL

Démasqué par le Conseil d'Etat, à bout d'expédients juridiques, Mougenot n'avait plus que la ressource du scandale ; l'étrange carrière qu'il s'était choisie ne lui permettait point de s'y dérober, et le faux Mique ne pouvait rien attendre de ses bienfaiteurs qu'à la condition expresse de demeurer un martyr de l'arbitraire. Il fallait que le chantage lui servît de gagne-pain ; or il n'y avait pas d'arme plus dangereuse pour Richard Mique, nous voyons clairement pourquoi.

La tactique de l'imposteur est simple. Il y a contre lui un ordre d'expulsion de Versailles « ainsi que de tous les endroits où sera la

Cour à la distance de vingt lieues », signé du Roi et daté du 6 septembre 1776 — époque de ses premiers démêlés avec la Prévôté de l'Hôtel. Mougenot peut donc se faire incarcérer à volonté ; il lui suffit de rompre son ban avec éclat. A ce jeu, il risque d'être interné à Bicêtre ; mais, pour reculer presque indéfiniment cette redoutable échéance, il n'est pas déraisonnable de spéculer sur l'indulgence de l'opinion, sur les défaillances de l'autorité, qui hésite déjà devant les mesures de rigueur, surtout quand il s'agit d'une affaire aussi embrouillée que la sienne. N'oublions pas la famille qu'il traîne avec lui ; elle croit sûrement au fameux héritage, et ne lui permettrait pas de renoncer à ses revendications tapageuses.

Tel est le plan que Mougenot se trace et suit scrupuleusement. Il est fort probable que nous ne connaissons pas toutes ses arrestations par le menu ; les archives de la Prévôté de l'Hôtel et les minutes de la Maison du Roi n'ont dû garder la trace que de ses plus encombrantes équipées. Le livre l'écrou de la Geôle de Versailles signale trois fois sa présence. La première détention va du 1ᵉʳ juin au 24 juil-

let 1781 ; il est seul, et s'est fait arrêter
« comme réfractaire aux ordres du Roi ». Le
ministre, informé de l'incident, envoie dès le
8 juin ses instructions au lieutenant général
Gréban. « Le nommé Mougenot mériterait la
plus sévère punition pour être revenu à Versailles. C'est pour la troisième fois qu'il se
met dans le cas d'être arrêté. » On veut bien
cependant lui témoigner une indulgence qu'il
ne mérite guère et le remettre en liberté, « mais
à la condition expresse qu'il signera sa soumission sous son véritable nom de Mougenot. » Il
sera accompagné par un garde jusqu'à sa sortie
de la ville, et prévenu que s'il est repris à Versailles, à Paris ou dans les environs, on l'en-
verra à Bicêtre sur-le-champ. Mougenot n'entend pas de cette oreille, et prétend plus que
jamais s'appeler Mique ; le ministre, par sa
lettre du 21 juin, prescrit alors de le retenir
« jusqu'à sa soumission ou des instructions
contraires. » Mais le lieutenant général Gréban
intervient lui-même en faveur du pauvre hère
dont il a la garde, et qu'il voudrait bien voir
autre part. « Quelle que soit l'obstination de
« ce particulier et son manque de respect à

« votre décision, permettez-moi de vous repré-
« senter, Monseigneur, qu'il est sans ressource
« dans la prison, et n'a pas le premier sol pour
« s'y procurer l'ombre d'un secours ni à ses
« enfants qui m'assaillissent (*sic*) journelle-
« ment et n'ont pas de pain. En cet état, je
« crois digne de vos bontés, sinon de fermer
« les yeux sur l'entêtement de ce malheureux.
« qui au fond n'intéresse qu'un particulier, et
« non l'Etat ; au moins de me faire connaître
« les intentions ultérieures de Sa Majesté pour
« débarrasser vos prisons de ce sujet... » Le
ministre consent à fermer les yeux. Mougenot,
conduit « entre les deux guichets comme lieu
de liberté » le 24 juillet 1781, fait sa soumission au bas de l'ordre du roi ; têtu et narquois,
il a soin de signer en toutes lettres « Mique,
fils de Simon Mique et de Françoise Royal,
frère de Richard Mique ». M. le lieutenant
général en rend compte au ministre le 27 juillet.
On a sauvé les apparences. Il lui a bien signifié, en lui rendant la clef des champs « que s'il
reparaissait ici, ou quelqu'un des siens, ils seraient enfermés à perpétuité à Bicêtre. »

Ce charitable avertissement reste sans effet :

personne ne croit plus, dans la famille Mougenot, aux foudres de la Prévôté de l'Hôtel.
Pas plus tard qu'en février 1782, sa femme
est à Versailles, circule dans le château, attend
le Roi à l'entrée de la chapelle, afin de lui
remettre un placet « en lettres moulées, et non
en écriture ordinaire ». Le document, saisi au
passage par l'exempt des gardes du corps, sui-
vit nous ne savons trop quelle voie, mais finit
par s'échouer dans les bureaux.

« Sire, c'est le plus infortuné des hommes
qui se prosterne aux pieds de Votre Majesté,
c'est Mique devenu fameux par mille malheurs
qui vient vous supplier de l'écouter encore.
Victime de l'orgueil d'un frère, on m'a calom-
nié près de votre sage ministre en me prêtant
une vie qui ne fut jamais la mienne, un nom
que je n'ai jamais porté, des crimes dont je
ne fus jamais coupable, et depuis près de six
ans, ah ! Sire ! je gémis dans les liens de l'exil.
Déjà sur le bord du tombeau, tout mon but
est d'y descendre pur. C'est à vous, Sire, que
j'ai recours, à vous la justice même. Le peu de
vie qui me reste, je dois l'employer à fournir
tous les moyens d'éclaircir la vérité, me sou-

mettant aux supplices les plus rigoureux, me dévouant à l'infamie si l'on peut me trouver coupable. Je suis en justice réglée, Sire, contre mon persécuteur ; mais ne pouvant vaquer en liberté à ce triste procès qui me demande tout entier, procès à l'occasion duquel ma femme est aussi exilée depuis près d'un an, en ce moment où la joie est universelle, où de toutes parts se brisent les fers, où il n'en est plus que pour le crime, j'ose vous adresser mes très humbles supplications. Votre âme est compatissante, Sire, et je vous expose mes malheurs. Vous adorez la vérité, et je demande à la faire éclater aux yeux de toute la France. Je ne cesserai d'adresser au ciel les vœux les plus ardents pour la conservation des jours précieux de Votre Majesté. »

A quoi tend ce morceau d'éloquence papelarde, lamentation d'un pauvre opprimé dont le vœu suprême est « de descendre pur au tombeau », et qui éprouve cependant quelque satisfaction à se savoir « fameux par mille malheurs ? » Mougenot cultive en ce moment un incident de procédure, que nous connaissons mal. L'affaire, de l'aveu d'un de ses fidèles conseillers, « n'est point de nature à être plaidée, mais à être mise en délibéré au rapport de M. l'avocat général » ; elle met en cause Richard Mique, et il voudrait bien avoir ses coudées franches. Le sieur Leschevin, qui classa le placet à toutes fins utiles dans ses dossiers de la Prévôté, le 19 février 1782, n'avait pas besoin d'en savoir autant pour être excédé de ces singuliers exilés, plus encombrants que nuisibles, et que les gens du Roi retrouvaient périodiquement devant eux. L'audacieuse démarche de la femme Mougenot devait cependant, après six mois d'oubli, s'imposer pendant quelques jours à leurs préoccupations, en des circonstances qu'il importe de préciser.

En effet, les adversaires de Richard Mique ont usé à satiété d'un même argument. Le miséreux qui se dit son frère est traqué de geôle en geôle par une persécution sournoise. Les officiers de police judiciaire sentent peser sur eux le crédit de l'architecte favori de la Reine ; ils étouffent la voix de leur conscience pour se maintenir en leurs places. L'arrestation du 3 août 1782 jette une intéressante clarté sur toute cette histoire, pour peu que nous ayons la patience d'examiner d'assez près les documents versés aux Archives.

La Maison du Roi est, dans la dernière semaine de juillet, intriguée, et même inquiète. Le lieutenant général de police a fait, le 22, son rapport au ministre. Le sieur Duparc, inspecteur des Tuileries, est venu lui donner avis dans la matinée qu'un placard très séditieux avait été collé, la veille, sur un arbre du jardin. Lacéré en hâte, et fort maltraité par cette opération, il est à peu près illisible ; on n'a pu en retenir que ces mots : « Nous cessons d'être Français, nous allons devenir esclaves, nous vivons sous un gouvernement tyrannique. »

Mais un lieutenant de police ne se laissait pas prendre sans vert. « Une personne qui a lu le placard en son entier » lui en a déjà remis la copie. Il s'agit bien d'un manifeste révolutionnaire.

« Jusqu'à quand, Français, cesserons-nous d'être hommes ? Jusqu'à quand fermerons-nous les yeux sur notre triste situation ? Aurons-nous toujours l'âme assez vile et assez basse pour être les esclaves et les victimes d'un gouvernement tyrannique et imbécile ? Aux armes, morbleu, aux armes, et main basse sur tous ceux qui ne se rangeront pas sous l'étendard de la Liberté. Tout est prêt, rompons nos chaînes, et faisons-nous un sort glorieux aux dépens de nos tyrans. » Saluons au passage ce « morbleu ! », qui va bientôt traduire et soulager la froide colère de Figaro.

Entre le 22 et le 30 juillet, nouvelle alerte. Un second placard a été apposé aux Tuileries, dans des conditions identiques. M. Gréban, le lieutenant général de la Prévôté de l'Hôtel alors en service à Paris — il alternait avec son collègue de Versailles — le transmet au ministre de la Maison du Roi ; il serait plus vrai de dire qu'il en transmet les débris. Pas une phrase n'est complète ; mais, par la malice du hasard, on y relève des groupes de mots qui se passent de tout commentaire. Ambition effrénée... soif de l'or... droits de l'Humanité... Aux armes... Peuples opprimés... Etendard de la Liberté... Vivre ou mourir glorieusement... Un écolier restituerait le texte authentique.

Or, les deux placards, à n'en pas douter, sortent d'une même officine. Le second est signé — nous respectons l'orthographe —

Assemblé masqué des chefs. Tous deux portent des indications mystérieuses, claires pour les seuls initiés, qui dénoncent une organisation secrète, ou prétendent y faire croire : a n° 108, q d'assemblée 112, g n° 31, m n° 17, jours n° 3, province n° 100, etc... Enfin, le placard saisi est écrit en *lettres moulées.*

Trait de lumière pour M. Gréban, qui se croit sur la bonne piste. « Ce placard, écrivit-il à M. Amelot, le 31 juillet, ne peut venir que d'une mauvaise tête très échauffée, dont malheureusement il n'y a que trop. Je vous prie de vous rappeler qu'il est un aventurier qui, depuis nombre d'années, s'est annoncé pour être le frère de M. Mique ; que ce particulier a été longtemps et plusieurs fois détenu dans les prisons à Versailles ; d'où il n'est sorti à plusieurs reprises qu'avec une lettre d'exil... Je vous prie également de vous rappeler que vers la fin de février, ce même particulier vous adressa un mémoire par lequel il vous demandait, autant que je puis m'en souvenir, la permission de venir suivre son affaire contre M. Mique qu'il soutint toujours être son frère... L'écriture des débris du dernier placard m'a paru être la même que celle du dernier mémoire que ce soi-disant Mique vous a présenté... Si cette écriture est la même, comme je le soupçonne, le placard est de Mique comme auteur ou comme copiste. En tout événement, il connaît l'un ou l'autre... »

La conclusion est qu'il faut mettre la main sur le dit Mique, ou plus exactement sur Mouganot. On a lancé contre lui un mandat d'amener à la lecture du placet confié naguère à sa femme ; « je l'ai fait chercher alors inutilement par les officiers de police, avoue M. Gréban, qui m'assurèrent que telles recherches qu'ils aient fait, ils n'avaient pu le découvrir. » Mais, on le sait bien, le particulier en question est possédé par l'idée fixe de demeurer à Versailles depuis qu'on lui en a interdit le séjour. La Prévôté de l'Hôtel en a le pressentiment, et elle ne se trompe pas de beaucoup, puisque M. Amelot peut envoyer le 3 août ses instructions, qui seront exécutées le jour même, à M. Clos, l'autre lieutenant général de la Prévôté, alors de service à Versailles.

« Je vous envoie, Monsieur, deux Ordres du Roi, l'un pour faire arrêter et conduire dans les prisons de Versailles, le nommé Charles-François Mougenot se disant François Mique dit -Dadiche, sa femme et leurs enfants, l'autre pour faire perquisition dans leurs papiers. Vous voudrez bien faire exécuter ces deux ordres le plus tôt possible, et me rendre compte de l'effet qu'ils auront produit. » Aucune péripétie de cette malheureuse affaire ne pouvait être plus funeste à Richard Mique ; les enfants emprisonnés avec leurs parents allaient recueillir, dans les cachots de la geôle, le germe d'une haine féroce contre l'oncle prétendu dont le crédit les opprimait. Il est pourtant bien clair qu'on ne se soucie point de lui dans tout ceci.

La police espérait, en cette occurrence, faire d'une pierre deux coups, et retrouver la piste d'un autre bohème, objet d'un petit rapport. « Un nommé Pujos (ou Pujosse) soi-disant avocat, ne demeure qu'accidentellement dans ce pays-ci, et lorsqu'il y vient, loge en chambre garnie, tantôt chez l'un, tantôt chez l'autre, et s'évade sans payer ses hôtes. Sa résidence est à Paris. Il ne subsiste qu'en se chargeant de mauvaises affaires. Il se dit receveur de rentes à la Ville, et avoir un cabinet d'affaires. L'on ignore sa demeure. Il a été l'homme de confiance du nommé Mougenot se disant Mique. Il faisait ses placets, était chez lui lors de la distribution des mémoires qu'il a fait délivrer au public il y a environ deux ans. Il vivait quelquefois chez le dit Mougenot et profitait des secours que l'on donnait au dit Mougenot.

Le dit Pujos se sert de différents noms dans l'occasion. Il est aussi connu à ce que l'on prétend sous celui de la Marnière ou de la Martinière. »

La recherche de ce personnage, qui a pu jouer dans l'affaire Mique un rôle plus important qu'on ne pense, paraît avoir été abandonnée, faute de renseignements suffisants ; mais le cas de Mougenot, que les gens du Roi s'appliquent à dénommer Mique — on dirait qu'ils n'ont pas lu les deux ordres du Roi transmis par M. Amelot — fut, une fois de plus, étudié dans toute son ampleur.

« L'an mil sept cent quatre-vingt-deux, le samedi trois août, neuf heures du soir, nous, Claude-Joseph Clos, écuyer, conseiller du Roi, lieutenant général civil, criminel et de police de la Prévôté de l'Hôtel de Sa Majesté et Grande Prévôté de France,

« en exécution de l'ordre du Roi en date de ce jourd'hui, dûment signé Louis, et plus bas Amelot,

« Sommes transporté assisté de notre greffier et des sieurs de la Faye et Dutilloy, officiers de police, rue de l'Orangerie, maison du sieur Gervais, loueur de carrosses, où étant sommes montés dans un logement au second étage ayant vue sur la cour occupé par Marie-Louise Alexandre, dégraisseuse, et y avons trouvé le sieur Mique avec sa femme et trois de leurs enfants, lequel sieur Mique nous a dit demeurer dans ledit logement, et avons en conséquence du dit ordre fait perquisition des papiers qui peuvent exister dans trois chambres composant le dit logement.

« Laquelle perquisition faite, il ne s'est trouvé qu'un portefeuille rempli de différentes lettres et papiers, lequel en présence du dit sieur Mique, nous avons fermé dans une feuille de papier blanc, sur laquelle enveloppe nous avons inscrit ces mots : Papiers trouvés chez le sieur Mique...

« Ce fait, avons sommé et interpellé le dit sieur Mique et sa femme de nous déclarer si le logement où ils sont est le seul qu'ils habitent, et s'ils n'en ont point d'autres, soit en cette ville, soit à Paris ou autres endroits, à laquelle interpellation les dits sieur et dame Mique nous ont déclaré que le logement où ils sont est le seul qu'ils habitent et qu'il leur est prêté par la dite Alexandre, qu'ils n'en ont aucun ni à Paris ni à Versailles ni ailleurs, et a le dit sieur Mique signé et la dite dame Mique a déclaré ne savoir signer de ce interpellée suivant l'ordonnance. »

En cette même soirée du 3 août, le livre d'écrou de la Geôle enregistrait les entrées suivantes : Micque ou Mougenot, François, 62 ans, Nancy. — Arrenfelt (*sic*) Caroline-Marthe, femme Micque, 34 ans, Trondhjem en Norvège. — Micque Marie-Catherine, fille du dit Micque, 15 ans, Copenhague en Danemark. — Micque Françoise, fille du dit Micque, 12 ans, Landesgrave en Suède. — Micque Charles-François, 9 ans et demi, Nancy.

Le 4 août tombant un dimanche, l'interrogatoire escompté par la Maison du Roi se trouva remis au lundi, par devant M. Clos, « lieutenant général de la Prévôté de l'Hôtel, en la Chambre criminelle de la Prévôté, enclos de la Geôle, à cinq heures de relevée ».

« Nous avons mandé, dit le document original, et fait venir de sa prison un particulier, taille de 5 pieds 4 pouces, visage long et basané, une cicatrice à la joue droite, les yeux gris, cheveux gris et bruns, barbe et sourcils bruns, vêtu d'un habit de drap vert sur veste de soie blanche brodée en soie... » Ce dernier trait n'est pas relevé sans intention ; Mougenot, qui recevait ses lettres à l'adresse de « Monsieur Mique, artiste » ou de « Monsieur Mique, l'aîné », entend bien passer pour un prisonnier de quelque importance. Il ne se doute pas un instant qu'on le soupçonne cette fois d'avoir trempé dans un complot contre la sûreté de l'Etat, ce qui l'eût infiniment flatté. Aussi répond-il sans embarras ni détours aux questions posées, et les gens de loi qui tâchent de le confesser doivent le trouver très fort. Il dit se nommer Claude-François Mique, âgé de soixante-deux ans, natif de Nancy en Lorraine, paroisse Saint-Sébastien, artiste, demeurant à

Versailles rue de l'Orangerie, maison du sieur
Gervais, loueur de carrosses, et appartenir à la
religion catholique, apostolique et romaine. Il
est à Versailles depuis le 28 mars dernier, pour
la facilité qu'il avait d'être logé gratis par
la demoiselle Alexandre ; il y travaille à glacer
les étoffes, et sa femme à laver. — Pourquoi
s'est-il obstiné à revenir à Versailles malgré
l'ordre d'exil à vingt lieues, du 23 mars 1781,
et son emprisonnement de juin 1781 pour in-
fraction à cet ordre ? C'est qu'il n'avait pas
d'argent pour faire une route de vingt lieues
avec sa femme et ses enfants, et trouver un
établissement. — Où a-t-il habité depuis le
moment qu'il a quitté Versailles après sa dernière soumission jusqu'au mois de mars dernier
qu'il y est revenu ? A la Villette, chez Nicolas
Tourtier, aubergiste à l'enseigne de Saint-Ni-
colas. Comme il lui doit environ quatre cents
livres, on s'y souvient certainement de son
séjour. — Qui est-ce qui lui fournit de l'argent
pour sa subsistance ? Il a reçu des secours de
l'envoyé extraordinaire du Danemark, du baron d'Hamilton, de la dame comtesse Stigle-
mann (?), de madame de Guignes, épouse de

M. de Guignes, professeur royal en Syriaque, demeurant rue des Moulins, butte Saint-Roch, du comte de Spare, du sieur Frontin fils, bijoutier à Paris, quai des Orfèvres, de la dame de Létang, marchande de beurre du Roi, demeurant à Versailles, rue des Deux-Portes. — Quels sont ses conseils ? Il a d'abord eu recours à Mᵉ Bocquillon, avocat au Parlement, puis à Mᵉ Billard, même qualité, son défenseur actuel « dans l'instance qui est actuellement pendante au Parlement entre lui répondant et son frère » ; son procureur au Parlement se nomme Testulat. — N'avait-il pas aussi pour conseiller un certain Pujos ou Pujosse, prenant quelquefois le nom de la Marnière ou de la Martinière ? Il ne le connaît pas. — Qu'il fasse appel à sa mémoire. Le susdit était un fabricant et distributeur de placets, et, il y a deux ans, ils ne se quittaient pas ? Il ne connaît personne de ce nom. C'est un maître d'école, logé aux Petites-Ecuries, qui lui faisait ses écritures depuis quatre ans. — N'a-t-il pas présenté en février dernier un mémoire au Roi ? C'est sa femme qui l'a remis à l'exempt des Gardes du Corps, à l'entrée de la chapelle, au passage du

Roi. Il reconnaît la pièce, écrite « en lettres moulées » qu'on lui présente. L'auteur du texte est un sieur Chevalier, contrôleur du Mont de Piété à Paris. La pièce a été copiée par un prêtre habitué de la paroisse Saint-Paul, à Paris, ami du sieur Chevalier, et dont il ne sait point le nom. — Mais pourquoi ce placet est-il en lettres moulées, et non en écriture ordinaire ? Il ignore les raisons de cette fantaisie. La pièce lui a été remise par sa femme, vers le mois de février dernier, alors qu'il demeurait à Paris, rue de Saintonge, chez un certain Policarre (?), soldat de la garde.

L'interrogatoire n'est pas poussé plus loin, et l'on procède à l'inventaire des pièces contenues dans un petit portefeuille de cuir noir, saisi dans la perquisition de l'avant-veille. Ces pièces, dûment paraphées, numérotées et ficelées, sont toujours à leur place dans les archives du greffe de la Prévôté de l'Hôtel. Comme MM. les gens du Roi ne nous ont point marqué ce qu'ils en pensaient, il nous appartient d'en prendre connaissance et de nous faire une opinion.

Or, Mougenot ne songe aucunement à s'em-

parer de la Bastille. Le champ de son activité
est beaucoup moins vaste. Il lui suffit d'exploiter, avec toute l'autorité d'un professionnel, la crédulité des bonnes âmes attendries
par ses discours, et par la misère trop évidente
à laquelle il condamne les siens. Qu'on en juge
par ce fragment de lettre datée du 19 janvier 1782, et signée : femme Mique, Suédoise.
« Madame la comtesse, on veut nous renvoyer
de la chambre que nous occupons, parce que
nous devons un mois. Je viens à genoux im-
plorer vos bontés, et vous supplier de faire en
ma faveur distraction de vos bienfaits ordinaires. Si vous ne nous faites la grâce de nous
secourir, ce soir même, l'infortuné Mique et
son indigente famille ne saurait où se réfu-
gier... » Ce billet, troussé par quelqu'un qui
s'y connaît, nous incite à d'assez curieuses réflexions. Mougenot et sa femme, la tête sur le
billot, eussent été aussi incapables l'un que
l'autre d'en imaginer une ligne. Rendu au porteur, avec ou sans offrande, par la comtesse
anonyme auquel il était destiné, on l'aura pieu-
sement déposé dans les archives de la famille
comme un modèle à utiliser en cas de besoin.

Tendre la main quand on porte « un habit de drap vert sur veste de soie blanche brodée en soie » doit être un geste irrésistible. Veut-on savoir à quelles plates justifications, qui sont presque des excuses, peut condescendre une de ses victimes ? Voici ce que lui écrit le fondé de pouvoirs de Frontin, le bijoutier du quai des Orfèvres : « Monsieur Mique l'aîné, 1" février 1782. Monsieur, la dernière fois que j'ai eu le plaisir de vous voir chez moi, je vous ai dit que je vous donnerais de quoi donner un à compte pour le loyer de votre maison. J'ai dû recevoir hier 1.200 livres ; je n'ai pas reçu une obole. J'ai eu des paiements à faire, vu la fin du mois ; il a fallu que j'emprunte pour satisfaire à ma parole, parole qui n'était pas verbale. Je dois en toucher aujourd'hui. Si les personnes ne me manquent pas de parole, je vous l'enverrai ; je suis fâché que mes moyens ne répondent pas tout à fait à la bonne volonté que j'ai de vous être utile... » Faut-il plaindre le pauvre bijoutier, dont les embarras d'argent paralysent la sensibilité charitable, ou le soupçonner d'être aussi malin que Mougenot ?

Mais la comtesse inconnue et le sieur Frontin ne sont que des correspondants d'occasion. Presque toutes les lettres saisies ont pour auteur un certain Chevalier, contrôleur au Mont de Piété, établissement dont Mougenot devait bien connaître le chemin. Personnage assez énigmatique ; il vit largement, car il possède appartement à Paris et maison de campagne à Sèvres ; il est instruit, car il écrit avec aisance et correction. On se demande quel rôle il joue dans cette affaire, et à quel titre il y intervient.

On ne s'étonnera pas qu'il ait été, lui aussi, visé comme bailleur de fonds. « Je ne peux pour le moment, mon cher Mique, vous faire l'avance que vous désirez. Je sens vos besoins, et ne peux les satisfaire. Je n'ai point encore touché mes revenus ; sans cela, j'irais à votre secours. » Si l'on remarque que cette prose s'adresse à « Monsieur Mique, artiste à Paris », on peut y voir une défaite prudente, mais assaisonnée d'une dose de naïveté. En tout cas, une sympathie les unit, qu'on ne saurait méconnaître, et leur accointance trahit des rapports de compère à compagnon, médiocres titres à notre estime. Chevalier prendra prétexte d'une chute de sa femme pour plaisanter lourdement

avec cet ami de choix, qui professe assurément
de saines doctrines touchant la suprématie du
sexe fort. « On m'a dit que ma femme s'était
foulé le poignet droit, cela m'a d'abord beaucoup inquiété, mais on m'a rassuré en me disant que cela ne serait rien. J'ai répondu, sans
m'appeler Blaise, que j'en étais bien aise... Si
l'on ne m'avait, depuis cette fatale nouvelle,
poussé de bonne nourriture, je ne sais pas
comment je m'en serais tiré... » Une autre fois,
il annonce comme un heureux incident, avec
un déconcertant cynisme, que Tourtier, l'aubergiste de la Villette, sera l'objet d'une sentence par défaut, « attendu qu'il n'a point cité
de procureur » ; l'infortuné court après les
quatre cents livres que lui doit Mougenot, mais
il ignore les détours de la procédure. Enfin, à
notre extrême ébahissement, Chevalier fait
appel à l'influence, ou, si l'on aime mieux, à
l'entregent de son singulier protégé. « Je vous
envoie, Monsieur et ami, un placet que je vous
prie de faire donner à M. le marquis de Ségur
par des personnes de la plus haute considération que vous pourrez trouver, et qui auront
le plus de crédit auprès du ministre... C'est

la tante de ma femme qui m'a chargé de cette affaire. On la lui a envoyée de Clermont, et on demande une prompte expédition. Le cas est pressant, comme vous le verrez par le certificat du curé... »

Mougenot sera bien ingrat, s'il ne se met pas en quatre pour assurer, grâce à ses hautes relations, la faveur du ministre aux paroissiens de M. le curé de Clermont. Il doit tant à Chevalier, qui est à lui, à pendre et à dépendre ! « J'aurai le plaisir de vous rendre compte de la conversation que j'aurai eue avec votre avocat... Je ne perds et ne perdrai jamais les occasions de vous donner des marques de mon attachement pour vous et pour vos intérêts... Personne n'est plus votre ami que votre ami Chevalier... » Telles sont les formules qui reviennent en des correspondances rédigées, elles le prétendent du moins, à sept heures du soir ou à cinq heures du matin !

Est-ce à dire que le contrôleur du Mont de Piété garde en tout temps un triple bandeau sur les yeux, et puisse passer pour un benêt complaisant ? Il n'est point sot ; à l'occasion, l'amour-propre aidant, quand son cher ami s'émancipe et prétend agir d'après ses lumières personnelles, Chevalier devient assez clairvoyant pour lui dire ses quatre vérités, qui sont bonnes à retenir. « Vous ne suivez que votre tête, et vous regardez comme merveilleux les projets que vous formez... Je n'aurais point, bon ami, répondu à votre lettre de samedi dernier que pour m'informer si vous alliez mieux, car vous étiez sûrement très malade lorsque vous me l'avez écrite... Si j'étais François Mique, je ne me pardonnerais jamais la lettre aussi inconsidérée que peu réfléchie que j'aurais écrite à M. Chevalier. Mais ce M. Chevalier la regarde comme on doit la regarder, comme un effet trop actif de la pipe, car dans toute autre acception il ne pourrait point s'empêcher de remettre à monsieur Mique le soin de trouver quelqu'un qui se mêlât de suivre son affaire... Ma femme vient de me communiquer le mémoire que vous adressez à M. le comte de Vergennes. Vous seriez bien embarrassé de me dire ce que vous demandez, ce que vous voulez dire. C'est à proprement parler le chef-d'œuvre de l'aliénation. Vous avez une mémoire de lièvre. Rappelez-vous que votre avocat et moi

vous avions défendu, et même le secrétaire de
M. de Gourgues, de vous ressouvenir même de
la proposition qui vous avait été faite, qu'elle
était pour vous de la plus grande conséquence.
Je vous en ai même entretenu dans le bois de
Sèvres, et le lendemain vous formez un projet
contraire à votre intérêt et à votre honneur.
Quand vous ne suivrez que votre tête, vous
ferez des sottises et des folies. Si vous vous en
mêlez, d'une bonne cause vous en ferez une
mauvaise, et tout le monde vous tournera le
dos. Je vous le répète, votre pipe vous aliène
le bon sens et vous entoure l'intelligence d'un
épais brouillard... » Qu'est-ce que Mougenot
allait bien pouvoir entreprendre contre son
honneur ? Accepter que Richard Mique, à bout
de patience, lui achetât enfin la paix ? Chevalier perdait là une belle occasion de devenir
tout à fait perspicace ; car l'architecte de la
Reine a financé au moins une fois. « Faite an
corps un seconde et fort pour mes ans fans et
pour moy », écrira bonnement *Dadiche* lui-
même en 1784.

Chevalier peut, à la rigueur, n'être qu'un
homme généreux et sensible, imbu jusqu'à

l'infirmité des idées nouvelles. Rien n'empêche de supposer qu'il agit avec quelque innocence, comme madame Legros, l'humble mercière protectrice de Latude, qui va bientôt recevoir le prix Montyon ; comme M. de Gourgues, si fort occupé lui aussi à la réhabilitation de l'illustre victime et qui fera sous peu, grâce à la neutralité bienveillante du baron de Breteuil, des enquêtes personnelles parmi les prisonniers de la Bastille ; comme M. de Rosanbo, dont la femme admettait sans rougir en un luxueux recueil de chansons manuscrites, timbré à ses armes et conservé aux Archives de Seine-et-Oise, des couplets plus que légers tendant à déshonorer la Reine. Ce qui est sûr, c'est que cet obstiné protecteur tient en ses mains les fils de l'intrigue et la dirige avec un zèle qui n'est jamais pris au dépourvu. « Je pars dans ce moment pour me rendre chez le procureur y prendre copie du placet et le remettre à M. Billard... Je suis resté hier plus de deux heures avec lui à nous entretenir de votre affaire... Il était dit que vous vous rendriez à Paris pour écrire à notre aise à différents seigneurs relativement à votre procès, que nous

serions chez moi plus à notre aise, que, plus
tranquilles, nous ne perdrions aucune de nos
idées et que nous n'aurions aucune contrariété
qui troublât nos moyens... Réservez donc un
mois à faire mouvoir les grands ressorts qui
donneront du poids et du crédit à votre affaire... » Telles sont les prévenances dont il
berce et entretient les prétentions de Mougenot ; son amitié se traduit aussi en actes. C'est
lui qui révise, remet ou fait remettre lettres et
placets à M. l'Ambassadeur (de Danemark probablement), à M. de Gourgues, à M. le comte
de Vergennes, à M. le président de Rosanbo, et
à M. le prince de Poix, que nous sommes un
peu surpris de rencontrer en cette compagnie.
Nous ne sommes pas obligés de croire sur parole la femme de Mougenot quand elle écrivait,
ou faisait écrire : « M. le prince de Poix qui a
daigné accorder sa protection à mon mari, lui
a dit de se trouver mardi prochain au château
de la Muette ; il doit le présenter au Roi à qui
il remettra un placet qui est déjà tout prêt,
dont M. le prince de Poix a pris lecture et qu'il
a approuvé... » Mais M. le prince de Poix,
comte de Noailles, connaissait Richard Mique

d'assez près et disposait d'informations assez étendues pour avoir le droit de ne pas se trouver mêlé à d'aussi louches intrigues.

Fort propres à éclairer les dessous de l'affaire Mique, toutes ces révélations puisées aux papiers de Mougenot ne se rattachaient en aucune manière aux placards révolutionnaires affichés aux Tuileries. M. Lenoir, lieutenant général de la police, tenu au courant des résultats de la perquisition et de l'interrogatoire, ouvre une enquête, et ne tarde pas à s'en apercevoir. Il écrit à M. Amelot, le 9 août 1782. « Conformément à vos instructions, j'ai fait venir le sieur Chevalier, employé au Mont de Piété. Je n'ai pas eu de peine à lui faire déclarer le nom du prêtre habitué à la paroisse Saint-Paul, qui avait écrit en lettres moulées le placet présenté au Roi par le nommé Mique. Cet ecclésiastique se nomme Imbert. Je compte le voir et l'entendre demain. Le sieur Chevalier m'a aussi déclaré que le style et la rédaction du mémoire étaient l'ouvrage d'un sieur Billard, avocat, que je me propose de voir et d'entendre... » Le 13 août, après avoir interrogé les deux personnages, son opinion était arrêtée.

« Ils m'ont tous les deux fait des déclarations exactement conformes à celles du sieur Chevalier. Le sieur Imbert a reconnu le mémoire, qui se trouve aujourd'hui paraphé, pour l'avoir en effet transcrit de sa main ; il m'a observé qu'il n'avait pas cru faire mal, et qu'il s'amusait souvent à copier ainsi, et dans la même manière d'écrire, des prières, des parties de livres d'église, etc... Le sieur Billard, se disant avocat, et qui m'a paru très sec, et peu occupé de sa profession, m'a dit que, regardant le sieur Mique comme persécuté, il avait cru devoir l'aider de son secours, et que pour cet effet, il avait rédigé le mémoire copié par l'abbé Imbert. Comme ils m'ont paru d'assez bonne foi, et que rien n'annonce qu'ils aient eu part au placard trouvé dans le jardin des Tuileries, je n'ai pas cru devoir étendre au delà mes questions et vérifications. En cet état, je prends la liberté de vous faire repasser toutes les pièces que vous m'avez fait l'honneur de me communiquer. »

L'affaire se trouvait désormais classée. L'enquête qu'elle avait provoquée nous semblerait plus décisive si M. Amelot avait accepté une intéressante suggestion glissée dans le premier rapport de M. Lenoir. « On pourrait à tout événement s'assurer s'il y a conformité ou ressemblance entre les deux écritures, en faisant examiner et confronter, par des experts écrivains, les placards trouvés aux Tuileries, avec le mémoire que j'ai entre les mains, qui servirait de pièce de comparaison. » La parfaite insignifiance du prétendu conspirateur Mougenot était, dès lors, solidement établie ; prouvait-elle que l'avocat Billard et son auxiliaire, trop fins pour admettre un tel bohème à de compromettantes confidences, fussent incapables de rédiger et de répandre pour leur compte des écrits séditieux ? Reconnaissons, toutefois, que l'enquête, plus rigoureusement menée, eût abouti en cas de succès à des conclusions embarrassantes. Il eût fallu, bon gré mal gré, donner quelque publicité au placet de Mougenot, à son arrestation, à la saisie de ses papiers ; les hauts personnages, qu'il abordait l'échine souple, et qui ne lui témoignaient sûrement point la tendre amitié de Chevalier, n'auraient-ils pas été, quand même, compromis par des indiscrétions et des manœuvres d'avocats ? Il était plus commode de ne voir en tout ceci qu'une péripétie nouvelle d'une affaire privée, déjà ancienne. Mais on y introduisait, sans le savoir, le plus perfide des griefs à exploiter contre Richard Mique. « Mon père alors, dira Catherine Mougenot dans sa *Dénonciation à l'Assemblée nationale*, était muni de papiers de très grande conséquence, dont le juge Clos se saisit. »

La Maison du Roi avait fait fausse route ; elle n'en garda pas trop longtemps rancune à son prisonnier. « Le satellite Clos, l'infâme juge » que stigmatisera cette même *Dénonciation* y était bien pour quelque chose, si l'on pèse les termes du billet que lui adressait le ministre, dès le 1" septembre. « D'après les dispositions, Monsieur, où vous croyez le nommé Mougenot, je me déterminerai à lui rendre sa liberté, dont vous trouverez l'ordre du Roi ci-joint. Vous voudrez bien le prévenir que s'il lui arrivait de nouveau de ne pas se conformer exactement à sa soumission, il sera enfermé à Bicêtre. »

L'aventurier connaissait le refrain qui ne l'effrayait plus ; il ne disparut pas pour long-

temps. L'année 1784 le ramène à Versailles.
S'imagine-t-il que la démission de M. Amelot
doit améliorer ses affaires ? Le nouveau ministre de la Maison du Roi, le baron de Breteuil, se pique d'être raisonnable et juste. Pour
son entrée en fonctions, il adresse à ses subor-
donnés des instructions vraiment libérales. Il
entend que les chefs de service prennent, à
l'égard des coupables, des mesures protec-
trices et humaines ; ils visiteront les prisons
au moins une fois par an, interrogeront les
détenus, verront s'ils sont traités conformément au prix de la pension qu'on paie pour
eux, etc... Des maximes, imprégnées de l'esprit le plus nouveau, émaillent ce document
officiel, tiré à 600 exemplaires. « C'est une
correction très forte, qu'un ou deux ans de
privation de liberté... Il ne faut accueillir
qu'avec la plus grande circonspection les
plaintes des maris contre leurs femmes, et
celles des femmes contre leurs maris... » Ce
programme, que ne désavoueraient point les
plus sensibles d'entre les philanthropes, n'empêche pas le ministre d'appliquer les lois et
règlements avec toute la précision requise. Il

ne badine pas sur ce chapitre, et Mougenot joue, cette fois, un jeu dangereux. Le Parlement vient de le renvoyer hors de Cour. M. de Breteuil, avec une longanimité assez méritoire, lui donne un avertissement le 29 mai, revient à la charge le 31 juillet, et le fait enfin arrêter le 27 septembre. La vieille promesse est tenue ; après un bref séjour à la Force, on l'expédie à Bicêtre le 10 octobre. Le temps est fini pour lui des indulgences policières, aussi bien que des vestes de soie blanche brodées en soie. Revêtu, à la dernière mode de la maison, d'un costume mi-parti de noir et de gris d'hôpital, avec un pantalon sans poches, un bonnet de bure et des sabots, il n'aura plus qu'à mourir à l'infirmerie dite de Saint-Roch, pour avoir trop compté sur la patience de la Maison du Roi et de la Prévôté de l'Hôtel.

Comme on parlera bientôt de lettres de cachet — Métra avait déjà lancé l'accusation — et d'abus de pouvoir imputables au crédit de l'architecte de la Reine, il était nécessaire d'exposer dans le détail cette fin de carrière de l'aventurier. Les sanctions prévues ont été appliquées, un peu plus tard que dans bien d'autres cas, et voilà tout. Richard Mique était intervenu naguère, c'est le ministre de la Maison du Roi qui le dit, pour que son prétendu frère, alors incarcéré au Châtelet, suivît en liberté l'affaire engagée devant le Conseil d'Etat. L'acharnement de son persécuteur lui donnait le droit absolu de s'adresser à la police pour défendre sa tranquillité et celle des siens ; il serait puéril de supposer qu'il a négligé de le faire, et même de s'imaginer que l'on accueillit sa requête comme celle du premier plaignant venu. Mais il ne semble pas que l'administration royale ait suivi, pour lui complaire, aucune procédure spéciale. Préservée de toute illusion sur le compte de Mougenot, elle n'a jamais traité le pauvre sire avec plus de sévérité qu'aucun de ses pareils. La Prévôté de l'Hôtel du Roi, juridiction féodale et exceptionnelle entre toutes — elle prétendait remonter jusqu'aux Maires du Palais — sera bientôt englobée dans le réquisitoire dressé contre le despotisme des tyrans ; et pourtant, en cette fin du xviiie siècle, elle peut passer pour le plus modéré des pouvoirs. Son régulateur est le ministre de la Maison du Roi ; tenu au courant,

par ses lieutenants, des faits et gestes de tous
les irréguliers de Versailles, — vagabonds, dé-
ments, libertins, ivrognes, chevaliers d'industrie, maniaques, femmes de mauvaise vie, — il
statue sur le sort de chacun avec méthode et,
pourquoi ne pas lui rendre cette justice, avec
indulgence. Si la faute est légère, une semonce
du lieutenant criminel ou une courte détention ; s'il y a récidive, quelques jours de prison. Si les délinquants persévèrent (les registres
d'écrou de la Geôle portent certains noms qui
y reviennent plus souvent qu'à leur tour), on
les avertit solennellement qu'on est à bout
d'indulgence, on leur fait promettre par écrit
de se mieux conduire, puis on les menace
« d'être exilés de la suite de la cour » ; la formule, assez pompeuse mais traditionnelle, ne
comporte rien de plus qu'une interdiction de
séjour. C'est seulement quand cette mesure a
été prise et quand le ban a été rompu — et
encore n'est-ce pas toujours la première fois !
— qu'on envoie les hommes à Bicêtre et les
femmes à l'Hôpital. Le soi-disant Mique a été
détenu à trois reprises à la Geôle de Versailles :
il n'est pas mauvais de rappeler que dès sa

première incarcération il se trouvait en rupture de ban, et tout indiqué pour un séjour immédiat à Bicêtre. L'enclos de la Geôle ne saurait évidemment passer pour un lieu de plaisance ou une maison de retraite. On peut s'en rendre compte en visitant le bailliage de Versailles, qui existe encore sous le nom de Cité des Trois-Passages. Les bâtiments ont subi d'assez notables transformations, mais la partie souterraine de la Geôle est bien conservée. On reconnaît sans peine une douzaine de cellules qui s'ouvrent sur un long corridor ; presque toutes les portes ont conservé leurs grosses serrures, leurs guichets de fer et leurs énormes verrous. Les soupiraux ont été bouchés. Les cachots, qui servent aujourd'hui de caves, étaient de petits réduits assez bas et voûtés. On n'y remarque point de traces d'humidité ni de salpêtre, bien qu'ils ne reçoivent plus directement l'air et la lumière de la cour.

Mais les lieutenants généraux de la Prévôté de l'Hôtel, Gréban et Clos, n'avaient point des âmes de tortionnaires. Quand le prisonnier refusait de signer sa soumission aux ordres du Roi de son véritable nom, ils prenaient d'eux-mêmes la peine d'écrire au ministre, et de proposer qu'on fît semblant de ne pas s'en apercevoir !

Les portes de Bicêtre enfin refermées sur Mougenot, Richard Mique pouvait se croire libéré de cette longue persécution. Caroline Ahrenfeld, qui, après M. Amelot, ne valait pas mieux que son mari, était morte en 1784, un peu avant l'internement. Le Parlement de Nancy, saisi par le Parlement de Paris de la demande de dommages et intérêts intentée par le soi-disant Mique à son prétendu frère, l'avait débouté de l'instance et condamné aux dépens. C'était la fin de toute procédure, qui semblait irrévocable ; et pourtant, Mougenot ne se trouvait pas aussi complètement retranché de la société que nous pourrions le supposer. Il savait ce qui se passait au dehors. L'administration de Bicêtre, nous l'imaginons du moins, s'était séparée de l'étrange porte-clefs qui distribuait dans Paris la correspondance de Latude, l'oubliait même, certain soir, au coin

d'une borne, rue des Fossés-Saint-Germain
l'Auxerrois. Ce geôlier complaisant avait laissé
des émules ; ce fut probablement l'un
d'entre eux qui apporta chez Richard Mique
une lettre de menaces anonymes. Le croi-
rait-on ? Deux années du régime pénitentiaire
n'avaient pu entamer l'esprit d'intrigue ni
l'imperturbable assurance du vieil imposteur.
Il dictait encore ses conditions. « On vous avertit charitablement qu'on travaille à la révision
du procès entre vous et cet infortuné enfermé à
Bicêtre depuis deux ans. Vous croyez avoir
gagné victoire de l'avoir fait enfermer ; mais
ne vous y trompez pas. La cause est devenue
plus grave pour vous ; car on va incessamment
présenter une requête au Roi pour prier Sa
Majesté que la révision de la procédure se fasse
sous ses yeux. Ce nouvel examen pourrait vous
être préjudiciable ; on vous propose un accom-
modement qui tournera si vous l'acceptez à
votre tranquillité et même à votre intérêt. On
ne vous nomme point celui qui, par la procu-
ration que ce pauvre malheureux lui offre depuis longtemps, sera médiateur dans cette
grande affaire ; il suffit de dire que c'est un

honnête homme de la négociation duquel vous serez satisfait. Si cette proposition vous convient, vous donnerez votre réponse au porteur. Ensuite, vous éprouverez que vous avez trouvé un véritable ami ; tout ce que vous lui confierez sera enseveli dans un éternel oubli. Je vous promets un secret inviolable qu'il ne révélera jamais. Confondu avec les malfaiteurs, enfermé entre quatre murailles, ce pauvre malheureux gémit ; et vous, dans la plus grande opulence, au comble du bonheur, quel contraste. Ouvrez votre cœur à la sensibilité, à l'humanité ; surtout, que la chute des grands vous serve d'exemple. Jetez la vue sur la procédure de la fille Salmon qui vient d'être justifiée. » Tel est, remis à peu près sur ses pieds, cet ultimatum incorrect où l'on reconnaît deux écritures différentes.

La réhabilitation assez retentissante de Victoire Salmon, prononcée par le Parlement de Paris le 23 mai 1786, permet de dater approximativement un essai de chantage qui, d'ailleurs, ne supportait pas l'examen. Aucun rapprochement n'est possible entre les tribulations de Mougenot et l'effroyable erreur judiciaire qu'on venait de réparer. Le 6 août 1781, sur les six heures du soir, un vieux bourgeois normand meurt empoisonné par une bouillie à l'arsenic qu'on lui a servie le matin même ; les soupçons se portent immédiatement sur Victoire Salmon, sa servante, entrée chez lui depuis cinq jours. On l'incarcère et on la juge. Le Parlement de Rouen lui applique les lois en vigueur, qui n'étaient pas tendres pour les délits et crimes domestiques, et la condamne — sept ans avant la prise de la Bastille! — à être brûlée vive « et à être préalablement appliquée à la question ». La malheureuse reçoit la visite d'un confesseur qu'une tragique surprise attendait. Victoire Salmon n'a pas compris un mot au jugement dont on vient de lui donner lecture ; elle s'explique avec calme, en toute naïveté ; sa sincérité ne peut être mise en doute à pareille heure ; elle se croit acquittée, et ne soupçonne pas l'horrible supplice qui l'attend. Bouleversé, le brave ecclésiastique se précipite hors du cachot pour se ruer à un sauvetage que tout démontre impossible. Servi par une incroyable chance, il se heurte à de hauts personnages qui passent, ont le bon esprit de l'écouter, le pouvoir de faire suspendre l'exécution et reviser le procès. Les juges de Rouen, égarés par un absurde esprit de corps, couvrant une instruction conduite avec une monstrueuse légèreté, fermant les yeux pour ne pas voir le vrai coupable, allaient envoyer au bûcher une pauvre fille dont tout proclamait l'innocence. La fermeté du Garde des Sceaux et la clairvoyance de Louis XVI les avaient sauvés de ce crime. Où trouver le moindre rapport entre cette affaire Salmon et l'affaire Mique ? La menace était simplement ridicule. L'architecte classa la lettre ; il n'apprit même que par hasard le décès de son persécuteur, mort à Bicêtre le 1ᵉʳ février 1788. Le Registre des Entrées résumait en quelques lignes, avec une précision relative, la dernière étape du personnage. « Entrées du 10 octobre 1784... Force... Charles-François Mongenot (*sic*), se disant appeler François Mique, dit Dadichel (*sic*), artiste en architecture, veuf de Caroline Marc (*sic*) Harlefets (*sic*), soixante-quatre ans, de Nancy, paroisse de Saint-Sébastien... Ordre du Roi... Première fois... Mort à l'Infirmerie de Saint-Roch le 1ᵉʳ février 1788. »

Entre temps, l'architecte de la Reine s'était engagé, après des hésitations dont ses papiers personnels ont conservé la trace, dans une série de négociations avec les généalogistes officiels dont il est assez difficile de démêler l'opportunité. On pourrait s'imaginer que, sans chercher une simple satisfaction d'amour-propre, il prétendait élever entre sa famille et celle de son soi-disant frère une barrière infranchissable. Mais ses lettres de noblesse, octroyées en 1761 par le bon Stanislas, avaient été confirmées par Louis XV dès le 29 avril 1765. « Le dit Mique et ses enfants nés ou à naître seront tenus pour nobles, en auront tous les privilèges, droits, prérogatives, prééminences, franchises, libertés, exceptions et immunités... » Seigneur de Heillecourt en Lorraine, il prenait fort au sérieux lesdits privilèges, et ses vassaux en faisaient autant. Le journal manuscrit de Durival enregistre volontiers ses déplacements ; quand Mique arrive de Versailles pour présider les plaids annaux, les habitants du village attendent le carrosse de la famille, les cloches sont mises en branle, « boëttes, bouquets, compliments, rien n'a manqué... Après le dîner, bal au château jusqu'au souper, feu d'artifice, beaucoup de joie... » On suppose bien qu'il ne faisait pas mystère de ses armoiries : d'azur à la croix d'argent, cantonnée de quatre abeilles d'or, pour cimier une abeille de l'écu.

Que pouvait-il donc souhaiter encore ? L'obligeante communication d'un des membres de la famille Mieg nous donne à croire qu'il s'agissait simplement de poursuivre et de mener à bien une affaire de succession fort ancienne et assez embrouillée. A la fin du xvi° siècle, un certain Sébastien Mueg, stattmeister à Strasbourg, opulent personnage, s'était rendu possesseur de deux villages du Bas-Rhin. Par un testament de 1598, à défaut de postérité directe, il les avait légués à des petits-neveux, sous la réserve qu'ils resteraient toujours en possession de la famille noble des Mueg, jusqu'à l'extinction des mâles. La clause jouait en 1684, et l'héritage du vieux Sébastien tombait en quenouille. Mais, si les Mueg n'étaient plus qualifiés pour y prétendre, des candidats mâles existaient encore parmi les Müg et parmi les Mieg. Il leur appartenait toutefois de reconstituer leur généalogie et de faire la preuve de leur noblesse. Montrer comment ils se rattachent à Pierre Müg, l'ancêtre commun mort en 1488, et prouver que les « lettres d'armes » à lui concédées en 1472 équivalaient à des lettres de noblesse : tel sera, pendant longtemps, leur programme. Un Mieg, contemporain de Richard Mique, s'y évertue encore à la fin du xviii° siècle. Mais la tâche est difficile. Des spécialistes, familiers du Conseil Aulique, ne sont pas très encourageants. Les obscurités de la cause justifient leurs hésitations. Ils citent des empereurs qui ont fait des nobles sans armoiries, et donné des armoiries sans noblesse. Un certain Matolaÿ, agent d'Empire à Vienne, estime que « les lettres accordées à Pierre Müg en 1472 ne portant point l'expression de la grâce anoblissante, ne pourront jamais être reconnues comme un titre de noblesse. » Il préconise, il est vrai, une expédition de « lettres d'anoblissement, confirmation et renouvellement » et a l'obligeance d'ajouter qu'il n'en coûtera pas plus de 380 florins d'Allemagne, plus 15 ou 20 ducats « pour les frais extraordinaires ». On s'adresse enfin à Richard Mique ; on lui démontre qu'il descend de Pierre Müg, l'ancêtre distingué par l'Empereur Frédéric III ; on escompte son cré·dit à la cour de France pour le succès de revendications assez plausibles en droit pur, mais pratiquement condamnées par les juristes. Il entre, en bon parent, dans cette coalition de famille aux profits si aléatoires. Les généalogistes officiels Maugars et Perrin, dûment consultés, se prononcent pour l'opportunité d'une requête ; M. Perrin regarde même « l'affaire comme infaillible... » Mais que veut au juste le postulant ? Des lettres de relief, très probablement, impliquant une réhabilitation dont profiteront tous les descendants de Pierre Müg, et reconnaissant à lui-même une noblesse bien antérieure aux lettres conférées par le roi de Pologne. « Si le généalogiste de France peut vous être favorable, lui écrivait en 1778 un Mücq de Strasbourg, tout sera dit, parce que notre noblesse, une fois reconnue, passera toujours pour authentique dans son principe, et ne sera contestée par personne, au moins avec succès... »

Le résultat de cette campagne fut assurément négatif. Les chantages de Mougenot, si effrontés qu'on les jugeât en haut lieu, portaient malgré tout quelque atteinte au crédit de Richard Mique, et rendaient plus malaisée une décision favorable à ses vœux. Le Tribunal révolutionnaire reconnaîtra à Simon la qualité d' « ex-noble par lettre » ; il eût autrement insisté sur la reconnaissance tardive d'une noblesse d'Empire assez incertaine.

IV

LES TRIBUNAUX CIVILS DE LA RÉVOLUTION

La mort de Mougenot ne met point un terme
à l'affaire Mique;elle apporte tout au plus quelques années de répit à l'architecte persécuté.
La fille aînée de l'aventurier, Catherine, n'a
recueilli d'autre héritage que les revendications paternelles. Elle va bientôt les ressusciter
avec une ténacité sauvage, sous la protection
des hommes et des temps nouveaux.

A la faveur de la tourmente révolutionnaire,
Catherine Mougenot a pu assurer le triomphe
de prétentions absurdes, et poursuivre sa vengeance jusqu'à ses plus extrêmes limites. Il est
juste, cependant, de se demander si elle croyait
sincèrement avoir le droit de son côté ; il est

humain de ne pas la condamner sans l'entendre. Un soir de 1782, à l'âge de quinze ans, elle a vu les officiers de la Prévôté s'introduire dans le pauvre logement où les siens avaient trouvé un abri ; une fillette de douze ans et un malheureux gamin de neuf ans et demi ont été, en même temps qu'elle, plongés dans les demi-ténèbres de la geôle. On se rend compte de beaucoup de choses, à quinze ans, et l'école de la misère passe pour être fréquentée par des enfants précoces. Où chercher la raison de cette mesure de rigueur ? Mougenot lui-même n'y a jamais rien compris. Sans aucun doute, M. Lenoir, Lieutenant de Police, s'est gardé de révéler la manifestation des Tuileries aux sieurs Billard et Chevalier, âmes damnées de l'intrigant, qui lui auraient bientôt donné le fin mot de cette alerte. Un mois de séquestration arbitraire a mis au cœur de Catherine assez de haine pour remplir toute une vie. N'oublions pas que si Mougenot a fait dans le public une infinité de dupes, il a essayé sur les siens, avec un plein succès, la première version de tous ses mensonges. Ces femmes, qui manquaient de pain, ont étourdi leur détresse dans le mirage d'une imposture qui leur promettait l'aisance. Deux ans plus tard, la mère meurt, le père est enfermé à Bicêtre. Nous voyons dans ce dénouement lamentable un effet logique de la fainéantise et de l'impudence de Mougenot, et nous n'y avons pas grand mérite, car nous tenons en mains les pièces du procès. Que pouvait penser Catherine ? Il ne s'agit pas ici d'invoquer des circonstances atténuantes, qui ne changeraient rien au dénouement ; spectateurs d'un drame, nous tâchons de tout y comprendre, même la vengeance et le mal.

Le 19 janvier 1790, Richard Mique reçut une lettre qui avait toute la valeur d'une déclaration de guerre. Catherine lui apprenait incidemment son mariage en signant « votre nièce Mique l'aînée, fille de votre frère que vous avez fait mourir dans les cachots, actuellement dame Verquier, indomptable dans ses sentiments. » Nous tenons d'une autre source qu'elle avait épousé un conducteur de diligence ; l'héritage du sous-lieutenant des volontaires de Maurepas, dont on avait tant parlé dans sa famille, était sans doute l'apport le plus clair de la mariée. La satisfaction de se dire établie comptait bien pour quelque chose dans la rédaction de cette épître longue et décousue ; mais la menace y tenait plus de place encore. Catherine reprenait avec le style, l'orthographe de son père à peine améliorée, et probablement aussi le concours d'un de ses anciens conseillers, la vieille affaire de 1745. On y trouve des divagations : « Vous êtes un imposteur en disant que mon père, sa femme et ses enfants étaient mendiants ; vous m'en donnerez des preuves. Ne m'imputerez-vous point aussi la même chose ? Et moi je vous dis que vous avez mendié quatre faux témoins qui n'ont jamais paru. L'on mettait les pauvres au dépôt, et mon père n'y a jamais été. Comment avez-vous annoncé que mon père faisait cabale dans les cabarets ? Un homme soi disant qui mendie son pain ayant quatre enfants ne peut journellement s'attabler dans un cabaret... De plus, vous avez osé faire passer mon père pour Mougenot. Cette femme libertine que vous avez choisie dans un corps de caserne, moyennant une somme, l'on sait à n'en pas douter que c'était une libertine des soldats ; elle s'est

donc rétractée... » On y trouve aussi des injures, où perce la verve populacière. « On n'est
plus dupe de vos fourberies ; votre hypocrisie
est découverte... O homme orgueilleux, avez-
vous oublié qui était votre père ? Il était maçon, tailleur de pierre ; et votre femme, qui se
disait de noblesse ? Elle a oublié sans doute ses
qualités, je veux bien encore ménager votre
amour-propre... Je vous exhorte très fort à
courir avec vos quatre faux témoins et les faire
voir aux personnes qui s'intéressent à moi...
Voilà de l'écriture de votre nièce, preuve
qu'elle a été accoutumée de mendier... » Sous
cette prose hargneuse, une menace précise apparaissait : l'appel aux nouveaux tribunaux.
« Serez-vous assez hardi de prouver devant nos
magistrats le contraire de ce que j'annonce-
rai ? Ce ne sera point des juges corrompus,
mais des hommes choisis par le peuple. Ils ne
voudront pas entendre parler de votre or, ni
même de vos présents. Ils n'auront que le désir
de rendre à l'innocence ce qui lui est dû et aux
coupables ce qu'ils méritent... Je veux venger
la mort de ma famille, et soyez assuré qu'au
péril de ma vie, j'en aurai raison... Je suis

pour la vie, malgré vous, petite-fille de Simon Mique et de Françoise Royal... »

Richard Mique classa cette lettre en un dossier où figuraient déjà d'autres documents de même espèce, sans y démêler un sujet particulier d'inquiétude. Il se trompait ; le ménage Verquier allait bientôt passer à l'offensive annoncée. Le 10 juin, Mᵉ Poncy, avocat au Parlement, s'adressait à lui avec beaucoup de correction et de courtoisie.

« Vous vous souvenez peut-être encore d'un procès considérable, et qui a duré pendant plusieurs années, entre vous et le S. François Mique. Vous savez sans doute aussi qu'il est mort il y a plus de deux ans ; mais il a laissé des enfants qui ont l'intention de donner suite à ce procès, ou même de le recommencer. Comme ils sont venus me trouver pour me demander mon ministère, j'y ai consenti, en leur annonçant cependant que je ne donnerais point de publicité à cette affaire, avant de vous en avoir prévenu. Si donc vous pensez que, par les voies de conciliation, vous puissiez vous éviter les désagréments et les inquiétudes dont les moindres procès ne sont point exempts, je vous prie de m'instruire, le plus tôt possible, de votre résolution, sinon votre silence la leur fera connaître.

« Je serais, en mon particulier, très enchanté d'avoir eu cette occasion de faire quelque chose qui vous fût agréable, et qui convînt à mes clients. »

Mique, appréciant la réserve et la discrétion de l'homme de loi, lui répondit par un billet du même style. Il traitait par le mépris les menaces de Catherine, et feignait de les ignorer.

« Je n'ai point oublié que j'ai eu à combattre, il y a quelques années, les prétentions d'un aventurier qui s'est dit mon frère. Cette époque de ma vie ne s'effacera point de ma mémoire ; elle a mis le sceau à la réputation d'honnêteté que je me suis acquise, et elle a comblé d'humiliation des personnes qui ont pu lui porter envie.

Des arrêts du Parlement, soit sur des demandes principales, soit sur des demandes incidentes, confirmés par des jugements de conflit, ont légitimé le succès de ma défense. Il m'a peu importé depuis que mon adversaire existât ou non. C'est par vous que j'apprends qu'il a cessé d'être et qu'il a laissé des enfants qui croient devoir faire revivre des prétentions prescrites et jugées depuis longtemps.

« J'ignore, monsieur, quels peuvent être les nouveaux moyens de vos clients. Les miens d'abord ont toujours résidé dans ma conscience ; la sagesse de la justice les a accueillis ensuite. Je n'aurai pas d'autres armes, s'il faut nécessairement en opposer à des démarches ainsi qu'aux adversaires que vous voulez bien m'annoncer.

« Au demeurant, Monsieur, comme la sensibilité peut séduire l'homme le plus instruit, je crois pouvoir répondre à la confiance que vous me témoignez par une confiance plus intime encore. J'ai par hasard avec moi toutes les pièces du procès du père de vos clients. Vous êtes libre, en me prévenant quelques jours d'avance, d'en prendre communication avec une personne à qui je les confierai à cet effet. Vous y trouverez, je n'en doute pas, des vérités que l'on a dû vous taire, et la conviction que l'on n'a pu toucher encore que votre cœur... »

Mᵉ Poncy prit connaissance du dossier le

24 juin au domicile de Mique. Il ne paraît pas qu'il en ait jamais fait usage, et qu'il soit intervenu dans une cause où il s'engageait sans enthousiasme, peut-être même avec une secrète sympathie pour l'honnête homme qu'on lui demandait d'accabler. Il fallait qu'un confrère moins scrupuleux se chargeât de la besogne.

Le défenseur souhaité surgit en la personne de M⁰ Bellart, — comment ne pas remarquer ici la défection de M⁰ Billard, le vieux répondant de Mougenot qui figurait toujours au Tableau de l'Ordre ? — armé cette fois d'un texte suffisant pour ressusciter l'affaire Mique, plus âpre et plus violente que jamais. Une loi récemment promulguée, le 26 mars 1790, comprenait un article XI ainsi conçu : « Les Ministres seront tenus de donner aux citoyens, ci-devant enfermés ou exilés, la communication des mémoires et instructions sur lesquels auront été décernés contre eux les ordres illégaux qui cessent par l'effet du présent Décret. » Discuté par l'Assemblée dans sa séance du 16 mars sur le rapport du Comité des Lettres de Cachet, cet article devait permettre aux vic-

times de l'arbitraire de poursuivre les auteurs
de leurs disgrâces et d'en obtenir réparation.
On eût dit qu'il avait été voté tout exprès pour
donner libre carrière aux revendications de Catherine. La question d'identité, point faible
des précédentes instances, allait passer au second plan ; il suffisait de plaider que son père
avait été incarcéré à la requête et grâce au crédit de Richard Mique.

Simple jeu pour Mᵉ Bellart, avocat de vingt-
neuf ans dont les débuts, pleins de promesses,
annonçaient déjà la brillante destinée, et qui,
secondé par un sentiment délicat de l'opportunité, devait laisser un nom dans les annales du
Palais. Adversaire intransigeant de Richard
Mique et de tous autres suppôts de la tyrannie
en 1790, ses préventions contre le despotisme
s'atténueront assez manifestement sous l'Empire pour lui permettre d'accepter un siège au
Conseil Général de la Seine. Le premier retour
des Bourbons lui révélant enfin ses convictions
véritables, il se prononcera contre l'usurpateur
en toute conscience, et avec éclat. Réfugié en
Angleterre pendant les Cent Jours, afin d'y
méditer plus librement sur les bienfaits de la

légitimité, — et d'y formuler en toute hâte le résumé de ses réflexions et de ses veilles — il sera l'homme sûr que Louis XVIII, à son retour définitif, appelle sans hésitation au poste envié de Procureur Général près la Cour d'Appel de Paris. M. P. Bouchardon l'a trouvé sur sa route en nous contant la *Fin tragique du Maréchal Ney*. Anticipant sur le *Client Sérieux* de Courteline, Bellart, encore avocat, improvisa devant le beau-frère de l'infortuné maréchal une plaidoirie vibrante et fort habile, tout en refusant de se constituer son défenseur ; pourvu, peu après, de la charge d'accusateur public, il réussit à donner aux audiences de la Chambre des Pairs l'allure d'un guet-apens juridique. « Sa phrase, alourdie d'ornements et de métaphores, nous dit M. Bouchardon, décelait souvent le rhéteur. » En effet, l'exorde de son réquisitoire, qui mériterait les honneurs d'une anthologie, peut passer pour un modèle de niaiserie grandiloquente.

Reconnaissons cependant, malgré ces réserves, que les héritiers de Mougenot, en choisissant un nouveau défenseur, n'avaient pas perdu au change. Me Bellart était bien l'homme qu'il leur fallait. Il s'agissait, sans s'attarder à de vains scrupules, d'introduire au plus tôt une action judiciaire en obtenant copie des documents relatifs aux incarcérations de Mougenot. Au début, les négociations entre l'avocat et M. de la Chapelle, Premier Commis du Ministère de l'Intérieur, ne se heurtèrent à aucune difficulté. « Mille remercîments, Monsieur, lui écrit-il le 3o juillet 1791, de la bonté que vous avez de condescendre au désir trop naturel des enfants Mique de se procurer les pièces qui constatent l'odieuse persécution qui s'est attachée à cette malheureuse famille... C'est moins de connaître par la lecture les pièces qui prouvent quel est l'auteur des persécutions que j'ai besoin, que de m'en procurer une copie officielle et authentique. La complaisance avec laquelle vous vous prêtez, Monsieur, à concourir comme le doit tout homme d'honneur à faire obtenir justice à ces malheureux enfants me persuade que s'il y avait quelque obstacle de bureaux à cette délivrance, vous feriez tout ce qui est de vous pour le lever... Au besoin, le Garde des Sceaux, saisi, ne refuserait pas des instructions... »

Ce bel accord ne devait pas durer bien longtemps. Mougenot avait eu avec les gens du Roi
d'assez fréquents rapports ; constituer le dossier complet d'une affaire remontant à l'année
1745, et Dieu sait avec quelles complications
et quels détours, n'était pas précisément une
bagatelle, on a déjà pu s'en rendre compte. De
plus, les victimes du despotisme devaient
abonder sur le pavé de Paris, et l'on peut
gager que M. de la Chapelle n'avait pas assez
de commis à sa disposition pour expédier la
besogne que l'Assemblée venait de lui mettre
sur les bras. D'où lenteurs des bureaux, et im-
patience des intéressés.Le 2 décembre 1791,on
en est au papier timbré. Jean-Louis Jolly, huissier audiencier du 3ᵉ Tribunal criminel, demeurant rue Bar-du-Bec, instrumente au Ministère de l'Intérieur, ci-devant de la Maison
du Roi. A la requête de Georges Verquier,
grand courrier de la malle, de Marie-Catherine-Caroline Micque, sa femme, et de Pierre-
François Pichon, au nom et comme tuteur de
Charles-François Micque, mineur, demeurant
tous rue de Mirabeau, pour lesquels est élu domicile en l'étude de Mᵉ Bergeron Danguy,

avoué à Paris, rue du Roi-de-Sicile, n° 15 (c'est précisément l'adresse de M° Bellart) il interpelle M. de la Chapelle en son bureau du Louvre et parlant à sa personne. Le Premier Commis est sommé « de présentement remettre ou au plus tard dans vingt-quatre heures expédition en forme collationnée et de lui signée et certifiée véritable de tous les ordres du Roi généralement quelconques, lettres de cachet, d'emprisonnement ou d'exil, ordres de relaxations, et de tous actes arbitraires qui ont pu être décernés depuis l'année mil sept cent soixante-seize inclusivement contre Charles-François Mique, soit sous son nom, soit sous le nom de Charles-François Mougenot, lequel lui a été faussement attribué par les dits ordres, ou sous celui de François Micque, dit Dadiche, et encore contre Marthe-Caroline Aremfeld (*sic*) femme du dit Micque, Charlotte Micque et Françoise-Marthe Micque leurs enfants, et encore contre Marie-Catherine-Caroline Micque, femme Verquier, et le mineur Charles-François Mique, requérant ensemble, — de toutes les pièces généralement quelconques relatives aux dits ordres, et surtout des lettres missives et mémoires relatifs à iceux envoyés ou présentés par M. Richard Mique et tous autres qui pourraient avoir provoqué lesdits ordres.

Comme aussi de certifier au bas de la dite expédition qu'elle contient absolument tous les ordres et pièces relatifs à tous les susnommés ; le tout sous peine d'être poursuivi en son propre et privé nom par les requérants comme leur retenant induement les pièces dont ils ont besoin pour établir la multiplicité des vexations dont ils ont été les victimes... »

M. de la Chapelle fut médiocrement flatté de la visite de Me Jolly. « Ledit Sieur parlant comme dessus nous a dit qu'il est prêt de satisfaire à la présente sommation pour les objets qui peuvent être en sa possession, mais que pour y satisfaire il demande un délai de huitaine. Sommé et requis de signer sa réponse, a refusé, quoique de ce interpellé suivant l'ordonnance. » Ce n'était point qu'il prétendît se dérober, comme il le mandait à Me Bellart huit jours après. « Les recherches les plus pénibles ont enfin fait retrouver au Dépôt du Louvre le dossier de l'affaire du

Sieur Charles-François Mique. Il est trop volumineux pour que je puisse en faire faire la copie ; mais si vous voulez, soit chez moi, soit chez le Garde du Dépôt, en prendre communication et désigner les pièces dont vous croirez avoir besoin, elles seront à votre disposition. »

Un post-scriptum beaucoup plus important que la lettre elle-même nous révèle que les Verquier mettaient déjà en doute l'impartialité de M. de la Chapelle, et l'accusaient de faire cause commune avec Richard Mique. Le premier commis ne se réfugie pas derrière la phraséologie vague des plumitifs timorés ou prudents ; il dit nettement ce qu'il pense, et son opinion nous intéresse au plus haut point. C'est la dernière fois qu'un homme de l'ancien régime parlera en toute liberté de l'affaire Mique.

« Il m'en coûte de laisser dans l'erreur ou dans le doute un homme qui s'est montré à moi animé de sentiments honnêtes, et dont à ce titre surtout le suffrage m'est précieux. Il faut donc, monsieur, que je vous déclare que j'estime et considère M. Mique. Je le plaindrai en conséquence d'avoir à combattre sur une attaque que je crois mal fondée. Mais mon intérêt pour lui n'est point assez vif ni assez inconsidéré, pour qu'il ait pu m'exposer en aucune manière à partager avec lui les désagréments de cette affaire. J'ajouterai que je n'ai avec lui aucune autre espèce de rapports que ceux que sa place et la mienne lui donnent quelquefois. Ils sont si peu intimes que je puis dire avec vérité que je ne le vois pas quatre fois dans l'année, que jamais je n'ai été chez lui ni à Versailles ni à Paris, et qu'enfin le hasard a fait que je ne lui ai pas parlé depuis le temps où j'ai eu l'honneur de vous voir. J'ai même lieu (de présumer) qu'il ignore absolument les démarches dont on est occupé à son sujet... Je n'ai qu'un regret, c'est que la sollicitude de cette affaire n'ait pas un objet plus fait pour satisfaire votre cœur et le mien. »

Ainsi donc, à la date du 10 décembre 1791, Richard Mique n'avait encore fait aucune démarche donnant à penser qu'il prenait pour un avertissement sérieux la visite de Mᵉ Poncy ; il ignorait la trame qu'on recommençait à ourdir contre lui. Fut-il discrètement averti par les bons offices de M. de la Chapelle, qu'une sommation d'huissier, acte public, libérait à la rigueur du secret professionnel ? Toujours est-il qu'il ne tarda pas à demander, lui aussi, des armes à la ci-devant Maison du Roi ; ses papiers personnels, ultérieurement confisqués, et classés aux Archives dans la série des documents séquestrés, en conservent la preuve. Nous y trouvons non pas les pièces originales, évidemment versées aux dossiers de ses défenseurs, mais des copies transcrites sur le papier bleuté du Dépôt du Louvre, et si conformes à la vérité historique que nous n'avons aucune raison d'en suspecter l'authenticité. Le 3 janvier 1792, M. Leschevin de Précourt, garde du Dépôt, lui délivrait, avec les garanties d'usage, une série d'extraits conformes établissant notamment : 1° que Mougenot avait toujours été l'objet d'Ordres du Roi délivrés à la requête de la Prévôté de l'Hôtel agissant de sa seule et pleine autorité ; 2° que le même Mougenot était sorti du Petit Châtelet en 1781, grâce aux démarches de Richard Mique. L'architecte avait transmis lui-même l'ordre du Roi prescrivant de le mettre en liberté dans une lettre personnelle à M. Lenoir. Un certificat du ministre attestait en outre « que les ordres de Sa Majesté, signifiés et mis à exécution contre un particulier se disant Mique, contre sa femme et ses enfants, n'ont jamais été décernés que sur les seuls rapports officiels et d'après les démarches des prévôts à la police des villes de Paris et de Versailles ; que M. Mique n'a point provoqué ni sollicité les dits ordres, et que jamais encore il n'a requis aucun acte qui puisse lui être reproché par ceux qui croiraient en avoir le droit. »

Ces documents sont de poids ; ils lèveraient nos derniers doutes, si nous en conservions encore. C'est que nous raisonnons froidement, et que le recul des temps nous le permet. Mais l'opinion publique, aux heures de révolution surtout, ne se fonde point sur des pièces d'archives, ni sur de patientes enquêtes. Richard Mique le saura bientôt. L'intrigue dont il est la victime depuis tant d'années va devenir une affaire politique ; les faits eux-mêmes se déroberont dans une ombre complaisante ; on ne verra plus que des principes.

En appeler bruyamment à l'opinion était encore le plus sûr moyen de l'égarer. Cette manœuvre, suggérée par un conseiller qui s'y connaissait, ne pouvait déplaire à Catherine Mique, qui lança sa *Dénonciation à l'Assemblée nationale.*

Ce titre ne doit pas être pris pour une vérité littérale. La table des matières des noms de personnes contenus dans les procès-verbaux de l'Assemblée Constituante, du 7 mai 1789 au 3o septembre 1791, abondante pourtant et précise, n'a pas gardé la moindre trace de ce prétendu recours. Le factum fut largement distribué ; il en existe deux éditions. La première sort de l'imprimerie de Pougin, rue Mazarine n° 51 ; la seconde se reconnaît à un supplément de cinq pages, reproduisant un extrait du n° 8o des *Révolutions de Paris.* La fille de Mougenot possédait donc de quoi pourvoir aux frais de deux tirages ; après tout, nous ne saurions prétendre que son mari, Georges Verquier, le grand courrier de la malle, n'avait pas fait des économies. Ce qui surprendra davantage, c'est que son jeune frère, Charles-François, représenté par un tuteur dans la sommation du 2 décembre 1791, et âgé alors d'environ dix-huit ans et demi, possédait, de son côté, une petite fortune personnelle. Le

Conseil des Cinq Cents, en sa séance du 5 frimaire an V (25 novembre 1796), en enregistrera la présomption. « Le citoyen Charles-François Mique, ci-devant hussard au onzième régiment, résidant à Nancy, expose qu'en 1791, époque à laquelle le papier-monnaie n'éprouvait aucune perte, il déposa 21.600 livres en assignats chez feu Chaudot, notaire... qu'il désirerait retirer la somme déposée... mais qu'à la Trésorerie on la lui offre en mandats à trente capitaux. Il réclame la justice du Conseil, et qu'il lui plaise ordonner qu'elle lui sera restituée en mandats au cours. » Les prétentions du requérant n'étaient pas tout à fait fondées ; l'assignat n'avait plus, à Paris, du moins, que 91 o/o de sa valeur au 1" janvier 1791. Mais, en attendant l'abolition du cours forcé, on vivait d'expédients, et la Trésorerie elle-même ne résistait pas à la tentation de rembourser avec un papier déprécié une dette contractée au temps de la monnaie saine. En tout cas, la pétition révèle, et nous aurions mauvaise grâce à ne pas le mettre en lumière, que Charles-François est depuis cinq ans au service de la patrie, et qu'il se trouve « par les graves et nombreuses blessures dont il est couvert, hors d'état de continuer de verser son sang. » Mais comment expliquer qu'un déposant de dix-huit ans et demi ait pu disposer, en 1791, d'une somme aussi ronde ? Agissait-il comme mandataire de sa sœur ? Le 25 thermidor de ce même an V, la citoyenne Verquier, domiciliée à Nancy, rue de l'Esplanade, à l'auberge du citoyen Legrand, se plaindra de ce que ses réclamations, qui relèvent du service des Finances, « n'ont eu aucun succès jusqu'à présent. » Les hypothèses édifiées sur ces données seraient assurément des constructions bien fragiles ; bornons-nous à admettre que des protecteurs généreux et sensibles avaient pu, en maintes occasions, dénouer les cordons de leur bourse.

La *Dénonciation* manque de beaucoup de choses, et principalement d'unité. Certains passages rappellent tout à fait la manière des fournisseurs ordinaires de Mougenot. Exorde insinuant : « C'est avec regret que je me vois forcé de dévoiler l'inhumanité de Richard Mique, mon oncle, aux yeux de toute la France. Si la religion me défend de découvrir les crimes de mon prochain, la justice, le respect que je dois à mon père, son innocence et mon propre intérêt m'y obligent... » Hors-d'œuvre imprégnés de l'expérience désenchantée du Sage : « O juges corrompus, c'est vous dont David a parlé, quand il a dit : *In quorum manibus iniquitates sunt ; dextera eorum repleta est muneribus.* Leurs mains sont remplies d'iniquités, et leur droite est chargée de présents. » Péroraison pathétique : « Mon père est mort, et de quelle mort ? de rage et de désespoir. Par quelle main ? Par celle de son frère. Oncle cruel ! ne mérites-tu pas que la terre s'ouvre sous tes pieds pour t'engloutir tout vif comme Dathan et Abiron ? Comme Caïn, tu n'as pas eu horreur de répandre le sang de ton frère, qui crie vengeance jusqu'au ciel. La plume me tombe des mains... Je ne puis que répandre des larmes sur une mort si tragique... Que toute la terre s'arme pour me venger ! Il semble que le ciel ne me réserve que pour venger la mort de ma famille, et pour mettre au jour tous les crimes de mon oncle... » Pour ne pas broncher en des périodes ainsi tournées, citer si aisément les Ecritures, il fallait avoir été au collège. Mais, si l'on excepte trois ou quatre agréments de même farine, le libelle lui-même, vague, décousu, exalté, peut à la rigueur être attribué à Catherine Verquier. On reprend l'affaire à bâtons rompus, sans autres faits nouveaux que des exagérations et des fables. Barbe Michel est, plus que jamais, la servante de Simon Mique ; mais Caroline Ahrenfeld devient la propre nièce « du directeur général des fortifications de Danemark. » Le sous-lieutenant aux Volontaires de Maurepas a eu si peur, qu'il a déserté sans être vu et s'est embarqué pour les Indes. Les officiers de l'*Elisabeth* qui ont attesté sa mort étaient — en 1745 ? — subornés par Richard Mique. Les témoins, honnêtes ceux-là, qui reconnurent *Dadiche* atteignent le chiffre respectable de « dix mille ». Mougenot a été arrêté, grâce aux intrigues de Mique, le jour même où expirait le délai de six mois prévu par la loi pour le recours de cassation. Leschevin et la Chapelle — nous avons vu quel fut leur rôle — « ces infâmes suppôts du ministre, pour un bon repas, auraient fait exiler tout Versailles. » Les officiers de la Prévôté de l'Hôtel se laissaient acheter par des dîners ou par des présents. « Un petit commis de quinze ans signait *Louis par commandement* ; et voilà un ordre du Roi, pendant que Sa Majesté dort ou est à la chasse. Enfin, les juges ont dérobé à Mougenot « des papiers de très grande conséquence » ; nous savons ce que contenait le portefeuille saisi ; mais le bon public était libre d'imaginer qu'il recélait la clef d'un mystère. Quand à l'extrait des *Révolutions de Paris*, introduit à la fin de la *Dénonciation* comme une manière de pièce justificative, il nous fait pénétrer de plain-pied dans un roman. « La manière dont le crime a été consommé fait frissonner d'horreur. François Mique se trouvait souvent sur le passage du roi, qui disait en le voyant : *Je crois que Mique est un fripon ; cet homme et Mique se ressemblent comme deux gouttes d'eau.* Monsieur disait la même chose ; et la reine, quoique engouée de Mique, commençait à apercevoir la vérité. Que fait alors Richard Mique pour obtenir l'ordre d'arrêter son frère ? Il entre chez la Reine, se jette à ses pieds, lui proteste, dans les sanglots du désespoir, que François Mique n'est pas son frère.

On lui promet protection. Quelques jours après il envoie dans le cabinet de la reine un tableau où il était représenté à ses genoux, avec l'attitude de l'adoration. Cette princesse demande qui a envoyé le tableau ; on lui nomme l'intendant de ses bâtiments. *Ah ! je le reconnais bien là*, dit-elle, et les lettres de cachet furent expédiées. » Médiocre littérature, relevée cependant par un air de bravoure qui termine le morceau, et promet à la cause de Catherine le concours « de tout jeune jurisconsulte » de la nouvelle école. « Déjà son ennemi s'agite pour acheter le silence de ceux dont il redoute les talents. Scélérat ! tes intrigues seront vaines, tes crimes ne demeureront pas impunis ; le châtiment atteint tôt ou tard le coupable, et s'il était possible que ton or glaçât toutes les langues, enchaînât toutes les plumes, nous qui sommes incorruptibles, tu nous retrouveras sans cesse sur tes pas, nous te poursuivrons jusqu'au tombeau. »

On peut juger, par ces échantillons, de la valeur et de la probité du mémoire. Il est probable qu'il ne laisse percer la vérité qu'une seule fois, en un rappel assez embrouillé, coupé

de parenthèses et d'apostrophes. Le Parlement
de Nancy, en janvier 1774, avait cassé, en lais-
sant paraître sa mauvaise humeur, la première
et maladroite procédure du bailliage engagée
au criminel ; ses conclusions admettaient que
le plaignant pût se pourvoir contre qui il ap-
partiendrait, exception faite du procureur du
Roi et du lieutenant général de police (seuls
responsables en réalité de l'action publique intentée). Nous savons qu'en désespoir de cause,
Mougenot se raccrocha, huit ans après, à cette
concession un peu sournoise, et que le Parlement de Paris le renvoya se faire condamner
aux dépens par le Parlement de Nancy. Mais
nous ne possédons sur cette période de l'affaire
de 1782 à 1784, aucun renseignement authentique. Le sieur Chevalier n'écrivait-il pas à son
bon ami Mougenot : « Votre affaire n'est point
de nature à être plaidée, mais à être mise en
délibéré au rapport de M. l'avocat général » ?
Les archives du Parlement de Paris, celles du
Parlement de Nancy, ne nous ont pas livré le
moindre renseignement à cet égard. Bon gré
mal gré, il faut bien nous en remettre à Catherine Verquier, qui s'étend avec une certaine

complaisance sur cette dernière péripétie. C'est qu'elle tient à citer une phrase de l'avocat général Séguier qui, considérée isolément, pourrait sous-entendre quelque réprobation pour les persécuteurs de son père. « Il est certain que la partie de Billard a souffert tout ce que l'humanité peut souffrir, et qu'il lui est dû des dommages-intérêts, et de très considérables, et que c'est Richard Mique qui les doit payer, puisqu'il est prouvé que c'est lui qui est le dénonciateur. » Passons sur un détestable jeu de mots, dont les clients de Mᵉ Billard ont pu, à la rigueur, faire les frais, et qui prouverait simplement que le Palais se montrait bien accommodant sur ce chapitre. Mais où sont les références à l'appui de cette déclaration sensationnelle ? Un magistrat de l'ancien régime, si prévenu qu'on le suppose contre la juridiction exceptionnelle de la Prévôté de l'Hôtel, pouvait-il écarter aussi délibérément l'amas formidable de preuves accumulées contre Mougenot ? Ne serait-ce pas plutôt la thèse de son défenseur que l'avocat général juge à propos de résumer ? Toutes les réserves sont ici permises et nécessaires.

Catherine prétend aussi confondre la Tournelle de Nancy. « Cette chambre a jugé dans un temps que Mique (c'est-à-dire Mougenot) était innocent et qu'il ne l'était pas dans l'autre. » Au fond, elle anéantit d'elle-même le suprême argument dont l'aventurier s'était maintes fois servi ; son père n'a jamais obtenu gain de cause, nulle part, pas même devant les juges qui jadis s'étaient tout simplement prononcés contre un vice de procédure.

Telle qu'elle est, et si extravagante qu'elle nous paraisse, la *Dénonciation* remettait une arme terrible aux mains des avocats de Mougenot. Elle s'adressait en réalité à un public déjà prévenu contre tous les actes de l'ancien régime et parfaitement incapable de se reconnaître en une intrigue aussi embrouillée, à des juges aveuglés déjà par la passion politique, et qu'on s'étonnerait un peu de trouver plus perspicaces que les présidents de Gourgues et de Rosanbo. Le ménage Verquier avait bien dressé ses batteries.

Quel dossier parvint-il à produire pour les besoins de sa cause ? nous ne le connaîtrons jamais de façon précise. Conservées au greffe du Palais tandis que celles du tribunal révolutionnaire, juridiction exceptionnelle, étaient envoyées aux Archives, les liasses des tribunaux civils de cette période périrent dans l'incendie de 1871. Nous n'en retrouverions pas une ligne si un conseiller à la Cour de Cassation, M. Casenave, n'avait entrepris de les résumer et d'en colliger des extraits ; travail considérable, qui dura de 1852 à 1869. En 1871, le manuscrit lui-même faillit disparaître à tout jamais, quand les fédérés mirent le feu au domicile particulier de ce magistrat. Revenue de très loin, comme on le voit, la précieuse compilation fut enfin éditée en 1905 par M. le conseiller Douarche ; le texte original appartient à la Bibliothèque de la Ville de Paris.

MM. Casenave et Douarche accordent une attention particulière à l'affaire Mique ; ils la signalent dans leur introduction. « L'affaire la plus curieuse et la plus extraordinaire, parmi toutes celles qui ont été portées devant les nouveaux tribunaux de la Révolution pour persécutions, détention arbitraire et abus de lettres de cachet, c'est assurément la demande formée

contre Richard Mique, ci-devant premier architecte du Roi, par les héritiers de son frère... »
Que ne possédons-nous les dossiers eux-mêmes ! Leur partialité ne manquerait pas d'apparaître, et nous y chercherions vainement, sans aucun doute, les documents qui proclamaient l'innocence et la bonne foi du condamné. Les soupçons d'un magistrat, éclairé par une longue pratique des affaires, s'éveillent vite ; or, le savant jurisconsulte qui a tenu les dossiers en mains, celui qui en a publié le résumé et pressent dans cette intrigue « la matière d'un roman ou d'un drame », ignoraient les enquêtes des magistrats de l'ancien régime. Leur remarque est un aveu. Les pièces soumises à leur examen semblaient tendre à la rectification pure et simple d'une erreur judiciaire. C'est une conclusion qu'on ne saurait mettre en doute.

Au surplus, nous n'avons désormais qu'à rapporter des faits accomplis. Les revendications des époux Verquier furent admises par le tribunal du Iᵉʳ arrondissement, siégeant au Palais, aux audiences du 17 mars et du 5 mai 1792 ; ces arrêts furent eux-mêmes confirmés par le tribunal du III° arrondissement, siégeant au Châtelet, le 23 juin et le 17 août. Richard Mique était condamné à payer des dommages et intérêts ; la cause fut reportée au tribunal du I" arrondissement pour en fixer la quotité. Verquier et consorts demandaient modestement 3oo.ooo livres, « moins encore pour faire recueillir cet héritage de douleur à ces enfants qui périssent de misère que pour effrayer par un grand exemple quiconque serait tenté d'imiter ces despotes subalternes et domestiques qui se sont si longtemps prévalus du sommeil des lois pour opprimer sans pitié des malheureux sans défense. »

On plaida l'affaire à fond le 7 janvier 1793 ; nous n'ignorons pas tout à fait ce qui se passa à l'audience. *La Gazette des nouveaux Tribunaux*, en son n° XIII, accorde une généreuse hospitalité « aux enfants d'un infortuné poursuivi, persécuté pendant toute sa vie par son frère, emprisonné plusieurs fois en vertu de lettres de cachet qu'il avait obtenues, et mort, pendant sa détention, à Bicêtre. » La *Gazette* paraît bien persuadée qu'elle offre à ses lecteurs un chapitre de morale civique. « Le temps du despotisme n'est plus, le siècle des courtisans et des favoris est passé ; l'empire des Lois a succédé au règne de l'oppression et de la tyrannie, et l'on ne se souvient encore du crédit et de la faveur des oppresseurs du faible, que pour leur faire expier leur injustice et réparer, s'il est possible, les ennuis et les souffrances dont ils ont su abreuver l'existence d'hommes qui n'ont commis d'autres crimes que d'avoir le malheur de leur déplaire. »

Toute l'affaire fut reprise, on peut déjà prévoir dans quel esprit. Le tribunal du I" arrondissement, avec une belle assurance, tint pour nulle toute la procédure antérieure et remania la cause comme les plaignants l'entendaient. Le combat naval de 1745 fut gaillardement escamoté. « De quelque manière que soit arrivée la disparition du fils de Simon Mique, en ce moment, et en dépit de l'apostille de l'écrivain du vaisseau, Mique était vivant... » On érigea en articles de foi la domesticité de Barbe Michel, la traduction toute naturelle de Mique la Jeunesse en *Mikgenolt* (nouvelle et dernière forme), la reconnaissance de *Dadiche* par trois cents témoins, les falsifications d'actes, les arrestations de complaisance et les lettres de cachet. Les machinations scélérates de Richard Mique, comme il est naturel, avaient triomphé du droit. « Les richesses qu'il avait acquises, ces bleuettes de la vanité, ces fumées de l'orgueil, si propres à fourvoyer la raison, avaient égaré la sienne. Il était arrivé ce qui arrive à tous les parvenus ; il rougissait de la médiocrité de son origine, et il devait souvent de fâcheux moments au souvenir du maçon de Nancy et de sa servante devenue sa femme. Les années commençaient à cicatriser cette plaie ; les témoins de sa naissance disparaissaient insensiblement, lorsque Richard Mique apprend qu'il est entré, en plein jour, dans les rues de Nancy, deux gueux et leurs deux enfants, à pied, déguenillés, dont l'un assure être ce Mique, que l'on avait cru péri sur l'*Elisabeth*... Trois cents témoins de tout âge, de tout sexe, de toutes classes, parents, amis, voisins, tous honnêtes, tous irréprochables, reconnurent à des empreintes, ineffaçables comme inimitables, l'identité de cet individu avec l'enfant du premier lit de Simon Mique... Quatre signes différents, extraordinaires, étaient comme le sceau dont la Nature avait voulu authentiquer l'existence de Mique pour confondre l'impiété de son frère... » Mais on vivait alors sous le régime du bon plaisir ; « ces hommes de douleur » devaient attendre l'aurore des temps nouveaux. « A peine le jour de la Liberté commença-t-il à luire sur les Français, qu'ils virent l'espérance renaître dans leurs cœurs opprimés... »

Quant à M° Bellart, il paraît qu'il se surpassa lui-même, et la *Gazette* ne peut résister à la tentation de donner à ses lecteurs quelques spécimens de la « précision éloquente qui le caractérise ». Nous y gagnons d'apprécier toute la hardiesse de sa thèse. Le frère de Richard Mique, décédé en 1745, décédé en 1784, n'est qu'un prétendu défunt. « Si l'on en croit les actes, il est mort deux fois, et à cinquante années d'intervalle. Si l'on en croit des preuves écrites de sa main, la loi a menti à la nature ; et, malgré ces deux morts légalement constatées par des actes complaisants et en apparence légaux, aujourd'hui peut-être il est encore vivant. » Il est allé « finir, en vertu d'une lettre de cachet, sinon son existence naturelle, du

moins, et à l'aide d'un acte fabriqué, son existence apparente dans les *galbanums* (nous dirions aujourd'hui les cabanons) de Bicêtre... »
Il y avait, sachons-le bien, dans cette rhétorique, plus de perfidie que d'extravagance. Les Verquier eux-mêmes ne mettaient pas en doute le décès de Mougenot. Mais l'imagination populaire s'en tenait, en ces matières, à ses traditions romanesques, et il faut bien avouer qu'à la fin du xviii° siècle, l'administration de Bicêtre se faisait de l'état civil une conception vraiment singulière. Un interné, déjà gratifié d'un acte de décès, était tout à coup ramené par sa famille, qui ne voulait plus l'entretenir. Certain pensionnaire, qu'on ne pouvait retrouver, passait pour mort — cette hypothèse arrangeait tout — et enterré sous le nom d'un de ses voisins. Un troisième, décédé officiellement, mais obstiné à vivre, réduisait le greffier à cette annotation ingénue : « Ce n'est pas lui qui est mort, c'est un autre dont on ne sait pas le nom. » L'avocat ne divaguait pas ; il exploitait un argument.

Toute cette éloquence n'avait pas été jetée au vent. Condamné à 5o.ooo livres de dommages et intérêts, Richard Mique allait apprendre que « l'empire des lois avait succédé au régime de l'oppression et de la tyrannie. »

Le malheureux dut croire à un malentendu ; il eut la simplicité d'en appeler. Le 20 avril 1793, à l'abbaye Sainte-Geneviève, le tribunal du V° arrondissement, « considérant que la liberté est un des biens les plus précieux que la nature ait accordés à l'homme, qu'il est constant que Richard Mique a sollicité et obtenu des ordres arbitraires par le moyen desquels les intimés ont été plusieurs fois exilés et incarcérés », confirmait simplement la condamnation. Il ne sera pas superflu de remarquer que le 7 janvier et le 20 avril, Mique avait pour défenseur officieux le citoyen Mony, le propre avocat de Latude contre les héritiers de madame de Pompadour. Ses juges, nous les connaissons aussi. Quatre anciens avocats au Parlement, pour l'audience du 7 janvier ; le plus avisé de l'équipe prit sa retraite en 1815, comme conseiller à la Cour de cassation, officier de la Légion d'honneur — réconcilié, à ce qu'il paraît, avec les gouvernements forts et les « bleuettes de la vanité ». Quant au tribunal d'appel, il comprenait le 20 avril un professeur de langues, un huissier, un graveur, un maître d'école et un homme de lettres.

Le coup fut dur pour le pauvre homme qui, sentant le terrain se dérober sous ses pieds, se voyait déjà réduit à chercher un refuge contre la persécution des Verquier. Le sieur Varinot, receveur de la manufacture de céramique située à Saint-Clément en Lorraine, dont Mique était le principal actionnaire, préconisait, dès le 31 octobre 1792, un séjour à Heillecourt. « Je crois que la personne qui viendrait l'habiter n'y sera pas inquiétée, si surtout elle va à la messe et aux offices de la paroisse, et qu'il n'y ait rien qui sente l'aristocratie dans sa conduite. » Richard Mique se serait plié sans effort aux exigences de ce programme, si inattendu pour l'époque ; mais Heillecourt, sa ci-devant seigneurie, se trouve aux portes mêmes de Nancy, où l'on pouvait exploiter contre lui, d'un jour à l'autre, un grief de fraîche date. Sa signature figurait au bas d'une pétition de 672 noms protestant contre la destruction de la statue de Louis XV, œuvre de Guibal et de Cyfflé, que les patriotes prétendaient abattre en exécution d'un décret du 14 août, condamnant sans appel « tous les monuments élevés à l'orgueil, au préjugé et à la tyrannie. » Richard Mique se contenta de quitter Paris au début d'octobre 1792 pour se rendre à Versailles où il séjourna jusqu'en février 1793.

S'il eût pu soupçonner que les lettres écrites par son père à partir de cette date deviendraient un jour des chefs d'accusation, Simon Mique les eût brûlées après lecture. Elles étaient parfaitement innocentes, se rapportant toutes à la condamnation du 7 janvier, et à l'appel rejeté le 20 avril. Par malheur, Richard Mique y prenait trop de précautions. Il n'en signait aucune ; il se désignait lui-même par les mots « notre ami » ; Simon devenait « l'affidé ». Des périphrases, mystérieuses d'aspect, simples au fond et d'interprétation facile, se rapportaient au procès en cours ou aux dommages-intérêts qu'il fallait payer. Les événements nous ramèneront à cette malheureuse correspondance, appelée à jouer un rôle imprévu et tragique dans le désastre d'un innocent, qui s'y livre tout entier, avec simplicité et bonne foi.

En février, Richard Mique a reçu signification du jugement qui le condamne, et demande si la « Tourmente femelle » — ce ne peut être que Catherine — « s'est encore présentée ». Son fils le rassure ; « je suis bien aise pour vous que l'on n'entende plus parler de la mégère (ce sera désormais son nom) ». Nouvelles inquiétudes ; « la mégère ne rôdaille sans doute que pour savoir où est la compagne de notre ami ». En avril, Simon paraît fâché contre « le vieil ami » — son beau-père, M. Durieux, selon toute apparence. Richard donne le conseil « de resserrer les nœuds au lieu de les délier. C'est de ce nœud que dépend une réunion à venir, dans laquelle Simon et les siens doivent trouver place. C'est donc encore à Simon à préparer tout ce qu'il faut pour cela. » En mai, l'appel a été définitivement rejeté, et de graves soucis apparaissent. « Notre ami recommande d'user de la plus grande économie, devenue si extraordinairement nécessaire... » Cinquante mille livres représentaient alors une somme considérable, même pour lui, qu'il ne pouvait réaliser sur l'heure ; or, le ménage Verquier se montrait pressé d'encaisser, et ré-

clamait même des intérêts à courir du jour
du jugement. « Affaire perdue par un jugement
inique, soupire le condamné, dont le poids
écrase celui qui l'a supporté. Dieu veuille encore être à notre aide !... » Pour trouver de
l'argent, Simon s'évertue, et sans grand succès. « Hélas ! si toutes les sommes sur lesquelles notre ami comptait lui manquent,
que deviendront les engagements qu'il a
contractés ? » Il y a bien un prêteur en vue,
mais offre-t-il des espèces ayant cours ?
« Ce n'est pas des contrats qu'il nous faut,
mais bien des assignats. » Accordera-t-il, pour
qu'on ait le temps de se retourner, trois années
de crédit à 4 1/2 pour cent d'intérêt ? Les Verquier s'impatientent et menacent. « Savez-
vous ce que le mari de la mégère entend par
dénonciation au comité de surveillance ? Est-ce
une peur qu'il a cru donner à l'innocence, ou
qu'est-ce que c'est ? On n'y comprend rien
parce qu'on n'a rien à se reprocher... » On
continue cependant, avec beaucoup de peine, à
chercher de l'argent pour éteindre la dette. Le
« Gouverneur des Pages » — il y en avait
plusieurs, et nous regrettons de ne pas con-

naître le nom de cet ami des mauvais jours — a donné ce qu'il pouvait ; on voudrait ne pas recourir à « la personne qui offre 15.000 livres en viager, ayant ainsi que sa femme, 50 ans chacun ; ce marché n'est pas bon, il est trop onéreux pour ces âges... » Tout d'un coup, on n'entend plus parler des Verquier. « Notre ami n'augure rien de bon d'une apparente cessation de poursuites de ses adversaires. N'a-t-il pas à craindre d'autres machinations de leur part, comme des saisies sur ses propriétés, dans sa ci-devant province ? »

Les pressentiments de Richard Mique ne manquaient pas de clairvoyance. Ses lettres du mois de juin font défaut ; mais un autre dossier, saisi à Versailles, nous fournit quelques détails précis sur cette période. Le citoyen Varinot prévient Simon, le 10 juin, que le fermier d'Heillecourt lui a apporté « une saisie faite entre ses mains à la requête de Georges Verquier, bourgeois de Paris, pour sûreté de sommes considérables, intérêts et frais ; ce sont les termes de la saisie. » Puis vient le tour de la manufacture de Saint-Clément, près Lunéville ; intéressante création d'art régional (elle existe encore), dont la marque est bien connue des amateurs de céramique, et qui eut son heure de vogue avec les statuettes dites de terre de Lorraine. Mique s'y était associé Cyfflé, l'élève de Guibal, « premier sculpteur » de Stanislas, et il y avait de gros intérêts. Les vases à fleurs du petit Trianon, au chiffre de Marie-Antoinette, disparus aujourd'hui, en provenaient. « Ils ont tout saisi entre les mains du directeur, écrit le même Varinot à la date du 8 juin, avec la circonstance de rappeler avec affectation dans l'exploit tous les jugements qui ont condamné monsieur votre père. »

La correspondance de Richard Mique cesse, du moins pour nous, avec sa lettre du 10 juillet. « La persécution est à son comble ; il faut bien la soutenir jusqu'au bout... » Les Verquier font une offre de transaction — en quels termes ? — il la juge inacceptable, et pense qu'il se « souillerait par une réponse aux propositions dignes de ces infâmes personnages. Il vaut mieux rester honnête, au risque de ne manger que du pain. Simon se débarrassera donc de ces gens en leur faisant répondre verbalement et jamais par écrit que les conditions qu'ils ont proposées sont hors du pouvoir de notre ami... ». En tout cas, la somme fixée par le Tribunal est prête. « Notre ami est d'avis de faire avertir ses adversaires qu'ils aient à se rendre chez l'avoué pour y recevoir la somme à laquelle il est condamné, et s'ils ne veulent pas la toucher sans les intérêts auxquels ils prétendent », on plaidera encore. Foi tenace en la conscience des juges et le bien fondé d'une cause ! D'autre part, une nouvelle prétention des Verquier vient encore aggraver la situation. Encouragés par la complaisance des nouveaux tribunaux, qui ont enregistré sans hésiter toutes les vieilles fables chères à la famille, ils se préparent à faire revivre la question d'état. Thèse hardie, dont le succès leur permettra d'exiger une part de la succession du père de Mique, et de reprendre aux héritiers de Françoise Royal les biens disputés en 1746 à Lunéville et en 1747 à Nancy.

Richard Mique, s'abusant une fois de plus sur sa situation, parlait de faire imprimer « les preuves de la mort de Claude » pour éclairer la religion des juges et du public...

Le péril était encore plus pressant et plus grave qu'il ne pouvait l'imaginer : mis en appétit, les Verquier avaient élargi leur programme.

V

LE TRIBUNAL RÉVOLUTIONNAIRE

« Je ne demande point la loi du talion », déclarait Catherine Verquier, dans sa *Dénonciation à l'Assemblée nationale* ; elle fit si rarement profession de sentiments modérés, qu'on peut retenir ce propos, et, si l'on veut, n'en pas suspecter la sincérité. Le dessein de remettre en cause la question d'état allait, par malheur, l'induire bientôt en des tentations criminelles. Sur ce terrain Richard et Simon possédaient encore quelques moyens de se défendre pied à pied devant des Tribunaux civils, même acquis par avance à l'adversaire ; ils n'y couraient qu'un risque, celui de perdre encore un procès. Leur suppression précipitait le dénouement attendu. Il ne resterait plus dans la famille que des femmes, antagonistes négligeables, perdues d'avance aux détours d'une affaire ancienne et compliquée.

Les biographes ont rapporté que Richard Mique fut impliqué dans la Conspiration des Prisons comme architecte de Marie-Antoinette ; il n'en fallait pas davantage, après tout, pour monter sur l'échafaud révolutionnaire. Mais l'examen des pièces d'archives montre bien que l'accusateur public s'accordait étroitement avec les héritiers de Mougenot, et que la sentence du 19 messidor an II fut, en réalité, la conclusion de l'Affaire Mique. Assurément, Richard était resté fidèle à la famille royale, et il lui devait assez pour que l'on ne puisse instruire le procès de sa reconnaissance. Intendant des bâtiments de la liste civile — c'était là son dernier titre officiel — la Révolution lui avait laissé au Louvre même, rue des Orties, son appartement de Directeur de l'Académie royale d'architecture, qui siégeait encore à la veille du 10 août. Logé à quelques pas du théâtre de l'insurrection, chargé de faire poser, dans l'affolement des dernières heures de la royauté, la fameuse barrière sur la cour du Carrousel, il était évidemment demeuré en contact assez étroit avec la famille royale. Si nous apprenions quelque jour, de source certaine, qu'une mission suprême fut confiée à son loyalisme, nous ne saurions guère nous en étonner. Mais ceci n'est qu'une hypothèse, et que rien, absolument rien, ne nous autorise à formuler. En réalité, il a fallu, pour donner corps à l'accusation et la mener à ses fins sanglantes, la patience obstinée des époux Verquier.

La dénonciation partit de Saint-Cloud, où Richard Mique, chargé de l'entretien du Château, possédait un semblant de domicile légal. En 1785, il y avait exécuté d'importants travaux pour la Reine, qui venait d'en faire l'acquisition. Au surplus, les Verquier se comportaient en gens avertis (nous allons voir qu'ils avaient frappé inutilement à une autre porte) et possédaient, à n'en pas douter, des intelligences dans la place. Ils savaient que le Comité de Surveillance, moins surmené que ceux de Paris, saisirait avec empressement l'occasion de prouver la pureté de son civisme, et mènerait rondement les poursuites. On avait enfin toutes commodités pour y impliquer Simon, qui habitait Versailles, et semblait jusque là parfaitement étranger à l'intrigue où se débattait son père.

Le 7 octobre 1793, le citoyen Georges Verquier, surveillant — on ne nous dit pas de quoi — domicilié à Paris, rue du Bac n° 843, se présente devant le susdit comité, assisté du gendarme Perrin, dont la déposition est acceptée les yeux fermés. Passons l'éponge sur les incorrections qui y foisonnent, au point qu'il faut presque traduire le document. Mais le galimatias est tel, que des commissaires disposant encore d'une lueur de conscience n'auraient pu se dispenser de quelques éclaircissements complémentaires. Un certain Picard, « *comis du de pecouille* » est désigné comme témoin à charge, on se demande vainement en quelle qualité et pourquoi. « Lequel demeure aux colonnades du ci-devant Louvre ; lequel a déclaré au citoyen Vilquié (*sic*) et même qu'il avait remis au citoyen Mailliard en présence du citoyen Vilquier (*sic*) *dévérentes pièces de convections* et d'après les reproches faits audit Picard a répondu que ce n'était point de sa faute, que le citoyen Mailliard commissaire en chef du pouvoir *excequtitife* lui avait donné différentes paroles à ce sujet et qu'il les avait manquées. » Si nous essayons d'extraire de ces incohérences quelques phrases qui se tiennent, la dénonciation portera sur les points suivants : 1° « Avoir été l'agent en tout des ci-devant Capet et Marie Antoinette, qu'il avait protégés en l'affaire du dix août, ayant fait murailler la porte de la grande galerie du Louvre donnant sur le Pavillon de Flore »; 2° la nuit du 9 au 10 août, ledit Mique s'est transporté à l'état-major de la garde nationale, cour des ci-devant princes ; Perrin portant de la bougie pour les flambeaux a vu entrer ledit Mique ; le voyant trop proche de lui, ledit Mique a prié le commandant du bataillon de sortir avec lui. De plus, il a vu le dit Mique donner les dimensions pour planter les poteaux pour barrer les portes qui servaient d'entrée dans les appartements où résidaient les ci-devant roi, princes et agents d'iceux ». Sauf erreur, il s'agit bien ici des barrières qui furent maçonnées à hauteur d'appui devant la porte royale, porte extérieure donnant accès du Carrousel dans la cour royale ; Mique est sorti dans cette cour, avec le chef de bataillon, et on l'a vu prendre des mesures. Mais, d'autre part, Mercier donne à entendre dans son *Paris pendant la Révolution* que les trois décharges consécutives des Suisses furent tirées au grand escalier des appartements. L'imagination populaire a déformé la réalité, par instinct de simplification. Elle a fait de la porte royale la porte des appartements du roi, et transformé la barrière extérieure établie par les soins de l'architecte en une barricade intérieure, dressée sur un palier d'escalier. La déposition nébuleuse du gendarme Perrin accrédite la thèse qui fait de Richard Mique l'artisan d'un guet-apens meurtrier.

Verquier signe la pièce avec Perrin ; mais il possède assez de jugement pour s'apercevoir qu'il faut un interprète à son témoin. Il accuse donc à son tour.

« Il a été rédigé un acte d'accusation contre Richard Mique, premier architecte de Capet. Cette pièce a été remise entre les mains du citoyen Mayard (*sic*) — on peut supposer qu'il

est question du fameux *tape dur* — ; par sa né-
gligence, il a laissé fuir le citoyen Mique, qui
était premier agent de Capet et de sa femme.
Il recevait les courriers des cours étrangères
chez lui et portait le paquet chez le ci-devant
roi. C'est lui qui a fait poser les barres aux portes des cours du château la veille du 10 août,
se sont ces barres qui sont devenues si meur-
trières pour les Marseillais et pour la garde pa-
risienne. Il y a cinquante autres faits plus graves, mais il s'agit de savoir où il est ; il est bien
étonnant qu'on lui ait délivré un passe-port.
Sa maison à Paris était un asile de conspirateurs. Mique est toujours soupçonné d'être à la
Vendée. Son fils doit être à Versailles, rue des
Tournelles, n° 13 ; on peut s'emparer de lui et
le forcer à dire où est son père. Il y a beaucoup
de citoyens qui ont de grands faits à déposer.
Le principal est de l'arrêter. »

La dénonciation est du 7 octobre. Trois jours
après, le 19 Vendémiaire, Simon Mique, arrêté
« en vertu de l'ordre du Comité de Surveillance du district de Versailles », amené à Saint-
Cloud, subissait un interrogatoire en règle. Ses
réponses prouvent avec la dernière évidence

qu'il ne comprend rien aux mesures de rigueur dont il est l'objet. Agé de 39 ans, né à Lunéville, homme de loi, logé au Louvre chez son père jusqu'en septembre 1792 et depuis à Versailles rue des Tournelles n° 13, il se croit parfaitement en règle. Il exhibe sa carte des sansculottes de Versailles, légalisée le 14 avril sous le n° 464. Il a prêté le 15 avril 1793 le serment requis par la loi de septembre 1792, signé son adhésion à la Constitution sur le registre des Sans-Culottes de la municipalité de Versailles et juré fidélité à la République. — Quelles étaient ses liaisons avec la famille du ci-devant roi ? — On n'en peut citer aucune, puisqu'il n'appartenait pas au service de la liste civile. — Mais son père occupait le poste d'intendant de la ci-devant reine ; il paraît impossible qu'il n'en ait pas été connu. — Il n'allait que chez la citoyenne Thibault, femme de chambre de la ci-devant reine, et ce par attachement et amitié. — Alors, en raison de cette amitié, il devait connaître les événements qui se préparaient. — Il ignore si la femme Thibault savait quelque chose, mais elle ne lui a jamais rien dit. « Il a toujours respecté ses secrets étant d'un âge trop au-dessous du sien. » — Où était-il dans la journée du 10 août 1792 ? — Au logement de son père, dont il n'est pas sorti. — On sait cependant qu'il se trouvait au château. — Il persiste à maintenir sa réponse précédente. — On s'étonne qu'il n'ait pris aucun parti, « tous les bons citoyens étant appelés par le canon d'alarme, par le tocsin et par la générale ». Comment a-t-il pu rester tranquillement chez lui ? — « A répondu qu'il ne croit pas que ce soit un délit de ne pas s'être trouvé au poste de l'honneur, qu'assez d'autres sans lui contribuaient au bonheur de la chose publique ; il a cru devoir contribuer à rassurer une famille éplorée, qui ignorait la cause du bruit qui se pratiquait autour d'elle. » Homme de loi, n'appartenant à aucun titre au personnel du château, il n'y a pas donné d'ordres ce jour-là et n'avait pas à en donner. — Il était donc étranger à son père ? — « Non pour le respect et la tendresse », mais pour tout ce qui est particulier à la liste civile.

Aux questions accessoires qu'on lui pose, Simon répond qu'il n'a jamais servi d'intermédiaire pour envoyer des courriers aux cours

étrangères ou en recevoir ; son père n'est pas
à la Vendée, mais aux Ormes, district de Dol,
département d'Ille-et-Vilaine, chez le citoyen
Perruchot, directeur des Douanes nationales,
maire de Saint-Malo, son gendre. Il résidait à
Paris jusqu'au 1ᵉʳ octobre 1792, puis à Versailles jusqu'en février 1793. Simon reconnaît
enfin le paquet de 66 lettres qu'on vient de saisir
chez lui. « Lecture faite au dit comparant du
présent interrogatoire, a répondu que ses réponses contiennent vérité, qu'il y persiste, et a
signé. Sur quoi, nous, membres du Comité révolutionnaire susdit, après en avoir délibéré,
avons été unanimement d'avis que ledit Sieur
Mique fils soit sur-le-champ transféré au Comité de sûreté générale de la Convention nationale à Paris, pour par ledit Comité ordonner
ce qu'il appartiendra. »

Sans examen des lettres saisies, sans interrogatoire ni enquête, et acceptant pour faits éta-
blis les dénonciations de Perrin et de Verquier,
le Comité de sûreté générale et de surveillance
de la Convention nationale donnait le 11 octobre
son approbation pleine et entière au Comité de
Saint-Cloud. « Vu la dénonciation signée qui

prouve que le nommé Simon Mique a manifesté des sentiments contre-révolutionnaires tant dans le 10 août 1792 que depuis ; vu aussi le procès-verbal du Comité révolutionnaire de Saint-Cloud qui ordonne l'arrestation du dit Mique, fondé sur ce qu'il paraît avoir eu une correspondance avec les émigrés ; le Comité arrête par mesure de sûreté générale qu'il sera conduit et détenu à la Force. » La carte n° 464 des Sans-Culottes de Versailles, les phrases trop prudentes sur le « poste de l'honneur » et la contribution « au bonheur de la chose publique » s'avéraient impuissantes à modifier le cours des événements.

Les délégués du Comité de surveillance de Saint-Cloud, de leur côté, avaient déjà pris la poste, et suivaient la piste indiquée, à la recherche de Richard Mique. Comme l'avouait innocemment Simon — dont le silence n'eût d'ailleurs sauvé personne, une au moins des lettres saisies chez lui portant le timbre de Dol, — le fugitif s'était décidé à accepter l'hospitalité de son gendre Perruchot de Longeville, directeur des douanes nationales à Saint-Malo, maire élu de la ville depuis le 6 mai 1793. Il devait compter avec quelque raison sur l'esprit conservateur du département, sur la notoriété du magistrat populaire. Adversaire des Jacobins, Perruchot ne pouvait passer pour hostile à la Révolution ; le Tribunal révolutionnaire, en le condamnant à mort le 2 messidor an II, lui imputera d'avoir prêté son appui au fédéralisme, et d'avoir dit « que la Convention était opprimée, qu'elle délibérait sous le fer des assassins, qu'il la fallait délivrer. » Suspect de modérantisme, on peut s'étonner qu'il ait spécialement choisi dans la catégorie des biens nationaux, pour s'en porter acquéreur, des biens d'église, âprement disputés d'ailleurs ; il n'est pas absurde de supposer qu'il était d'accord avec les ecclésiastiques dépossédés, et opérait pour leur compte. Perruchot venait justement de se faire adjuger (pour 80.000 livres, sur enchères de 132 feux) le château des Ormes, ci-devant maison de campagne des évêques de Dol, à deux lieues de la ville, en tirant sur Combourg. Solidement planté dans le sol breton, le manoir atteste encore que depuis Henri II au moins jusqu'à Louis XVI ses anciens propriétaires n'ont pas cessé de le remanier et de l'agrandir. Le granit, qui ne porte jamais son âge, s'est fait leur complice, et l'unité de la matière a sauvé la haute allure de sa longue façade. Un conspirateur de métier n'aurait pu souhaiter une retraite plus sûre que ce château caché dans les bois, isolé de la route, accessible par des chemins verts d'une surveillance aisée pour des partisans sur leurs gardes. A la première alerte, l'homme traqué, d'un bond, disparaissait dans les taillis. On raconte que le dernier évêque de Dol, Urbain René de Hercé, s'était évadé de la sorte avant de passer en Angleterre. Mais le pauvre Mique ne se doutait de rien. Tâcher de gagner Jersey, par une nuit sans lune, n'eût pas été plus périlleux que d'attendre placidement les pourvoyeurs du Tribunal révolutionnaire. Il se laissa prendre comme un lièvre au gîte, à la table de famille.

Sept jours après la dénonciation de Verquier, le 14 octobre 1793, à une heure de l'après-midi, les deux délégués de Saint-Cloud, Pierre Henri Caplain et Jacques Gabriel Le Guay, commissionnés par le Comité de sûreté générale de la Convention, se présentaient aux Ormes ; le greffier du juge de paix du canton de Dol les accompagnait. Ils trouvaient Richard Mique en compagnie de sa femme et de sa fille Marguerite Perruchot, apposaient des scellés sur tous les meubles, et fouillaient la maison de la cave au grenier. Le procès-verbal énumère leurs découvertes. « ... Dans la chambre du dit Mique, nous nous sommes saisis de deux pistolets à secret et d'une épée à garde d'argent, et le dit Mique nous a déclaré n'avoir d'autres armes... Dans la salle à manger, nous nous sommes saisis de deux douzaines de couverts que la femme du citoyen Perruchot nous a dit représenter les armes de son mari et les siennes, six grandes cuillères avec les mêmes armes, dix-huit couteaux de table, un petit couvert d'enfant et sept cuillères à café portant toutes les mêmes armes, avec un verre en cristal qui a pour inscription « Vive la Nation, la Loi, le Roi », et une pièce de mariage représentant le mariage de Louis XVI... Dans la chambre de la citoyenne Mique femme du citoyen Perruchot, nous avons saisi vingt et une pièces, tant lettres qu'autres papiers chiffrés par la dite Mique ; avons aussi remarqué un tableau représentant Clément quatorze et ses armes. Nous avons ensuite fait perquisition dans une armoire à deux battants enfoncée dans un mur, que nous avons trouvée remplie d'une grande quantité de savon tant en barre qu'en brique, sur laquelle nous avons mis les scellés, après en avoir mis aux mains de la dite Mique quatorze morceaux tant gris que blancs. Dans la chapelle, visite du tabernacle ; nous y avons trouvé un calice avec sa patène d'argent appartenant à ladite Mique, femme Perruchot. Visite faite de la cuisine, nous y avons trouvé un fusil à deux coups dont nous nous sommes saisis et un fusil simple que nous avons laissé entre les mains de la garde préposée ci-après... » En somme, rien ne trahissait l'asile d'un conspirateur. Quelques armes, dont la présence se justifiait aisément en une maison isolée, au milieu d'une exploitation rurale où il faut, encore aujourd'hui, traquer de temps en temps un sanglier qui saccage les récoltes. Une provision de savon, dont la saisie totale tournerait au drame domestique ; le trait paraîtrait sublime s'il était déjà dans Shakespeare. Quant aux « papiers chiffrés par ladite

Mique », s'ils avaient contenu autre chose que des comptes de cuisinière, le triomphe des commissaires de Saint-Cloud eût été assez bruyant pour que l'écho en parvînt jusqu'à nous.

L'expédition s'achevait pourtant sur un dénouement prévu. La femme et la fille de Mique restaient aux Ormes, en état d'arrestation préventive sous la surveillance de deux gardiens payés cinq livres par jour. Quant à Richard, les commissaires l'emmenaient « pour être traduit au comité de Sûreté de la Convention. » On l'arrachait pour toujours à son foyer, au décor paisible des grands bois où il avait cru trouver le salut.

Rentrés à Dol, Caplain et Le Guay se transportaient à la maison de poste, revêtus de leurs écharpes et « accompagnés de deux fusiliers de la Garde nationale de cette ville, requis à cet effet » ; ils se faisaient remettre le courrier adressé aux prisonnières. Une lettre du 1ᵉʳ octobre, timbrée de Versailles et portant les initiales de Simon Mique, se rapportait à des questions d'intérêt. Une autre, datée du 11 octobre, signée D.D. venait de Paris, et ne peut être attribuée qu'à sa femme, née Durieux. Elle annonçait l'arrestation de Simon, les perquisitions de Versailles et son incarcération à la Force ; « je suis chez mon papa pour solliciter son élargissement ou pour obtenir un gendarme. » Une troisième lettre, partie de Brest en franchise le 11 octobre, scellée à la cire rouge avec un cachet de représentant du peuple aux armées, et non signée, était évidemment de Perruchot, alors en tournée ; il prenait ses précautions pour assurer le secret de sa correspondance. On y relevait cet aveu : « Tu sais que depuis cinq ans aucun sacrifice ne me coûte pour le triomphe de la liberté ; et s'il en faut de plus grands, je suis prêt à les faire sans regret. » Les délégués de Saint-Cloud, forts de la commission qu'ils tenaient du Comité de sûreté générale de la Convention, ou munis à leur départ d'instructions que nous ignorons, décidaient de pousser plus avant leurs recherches. Le 15 octobre, à neuf heures et demie du matin, ils perquisitionnaient à Saint-Malo, rue Feydeau, dans un de ces immeubles construits par la Compagnie des Indes que le service des Douanes occupe encore, et mettaient sous scellés les effets et papiers personnels de Perruchot. Le succès de ce plan pouvait permettre d'impliquer un jour dans une même accusation de correspondance avec les ennemis de la République Richard Mique, son fils et son gendre. En effet, le 27 prairial (15 juin 1794), le Comité de sûreté générale de la Convention prononcera le renvoi au Tribunal révolutionnaire de Grand-Clos-Meslé, Perruchot, Mique père et Mique fils. Perruchot seul figura dans la fournée des 28 condamnés de Port-Malo. Grand-Clos-Meslé, riche armateur, accusé d'avoir révélé aux Anglais un piège tendu par Rossignol, — des drapeaux blancs déployés sur plusieurs points du littoral de Saint-Malo —, évadé le jour même de son arrestation, s'était enfui à Guernesey. Fouquier-Tinville gardait encore sous les verrous Richard et Simon, suffisamment compromis par les complices du ménage Verquier, membres du Comité de Saint-Cloud.

Pour corser le dossier, ils avaient en effet découvert dans le village même deux témoins à charge dont les dépositions datées du 5 novembre, et qu'il s'agit encore de remettre sur pied, nous ramènent à la prise de la Bastille, et nous valent quelques détails d'un intérêt plus général. Tandis que les Parisiens escomptaient une manœuvre offensive de la cour, la cour redoutait une attaque des Parisiens. Une nuit, on ne nous dit trop laquelle, probablement la nuit du 16 au 17 juillet 1789, le citoyen Mique, « architecte des bâtiments de Saint-Cloud », est venu frapper à la porte du citoyen Pradel, dit Saint-Georges, peintre en bâtiments. « Le citoyen Pradel lui a ouvert. Ledit Mique lui a demandé s'il voulait lui faire un plaisir Pradel lui a répondu : si c'est à mon pouvoir, je le ferai de bon cœur. Mique lui a dit : il faut que vous alliez à Sèvres pour voir si c'est vrai que ces gueux de Parisiens ont chassé la troupe du Champ-de-Mars. Ledit Pradel s'est transporté chez le citoyen Henry, traiteur à Sèvres, et lui a demandé si c'était vrai. Le citoyen Henry lui a répondu : Voyez dans ma cour. Effectivement, les troupes étaient couchées sur la paille. De là il s'est rendu à Saint-Cloud ; il a dit au citoyen Mique que c'était vrai, et qu'ils étaient campés à Sèvres, dans les cours, sur la paille. Mique lui a dit :

je te remercie, Saint-Georges. Et Pradel à l'instant a entendu dire que l'on allait abattre le pont de Saint-Cloud. »

L'ordre de couper le pont, donné par la cour dans l'émotion causée par le soulèvement de Paris, devait en effet laisser aux habitants de Saint-Cloud un ressentiment tenace ; il signifiait pour eux l'isolement, la dictature des gardes suisses, la famine peut-être. Ni le gendarme Perrin, ni Georges Verquier n'avaient pensé à exploiter ce grief local. Les membres du Comité de surveillance, mieux informés, y songeaient à leur place dans l'interrogatoire du 19 vendémiaire. Simon Mique, pressé d'incriminer son père, avait simplement répondu : « Sans prétendre l'inculper », il se peut qu'il ait transmis des ordres relatifs au pont de Saint-Cloud.

La déposition du jardinier Mazi, en service rue du Calvaire, évoque d'une manière assez vivante les péripéties de cette fausse manœuvre. Il y avait 800 Suisses à Saint-Cloud ; leur corps de garde était chez sa patronne, une demoiselle Barat. Le 17 juillet, à quatre heures du matin, on a battu le rappel. Mazi s'est levé

« pieds nus » pour aller fermer la porte ; sa femme l'a rejoint, et ils ont franchi le seuil par curiosité. Des terrassiers passaient, et le commis Jacques disait à « ces auvergnats » suivez-moi. Où allaient-ils si matin ? « Abattre votre pont. » Sur ce, Mazi a envoyé sa femme pour ameuter le village. Le capitaine des Suisses l'a interpellée : « Bougresse, veux-tu te taire ! » Elle lui a répondu : « Monsieur, cela ne vous regarde pas. » Le capitaine l'a menacée de la faire arrêter. Alors, un habitant du pays et Mazi lui-même se sont hâtés de pousser des cris et de donner l'alarme. « On veut abattre notre pont ! Dépêchons ! On part !... » Les habitants, accourus avec des fourches, des bâtons, des faux retournées, se sont emparés du pont « afin d'empêcher que l'on coupe la communication des vivres de Paris. » Mazi s'est approché « du petit caffé tenant à la grande grille du parc » ; il y avait là M. de la Grange, contrôleur des bâtiments du Château, le fils du concierge et le commandant des Invalides. Au cabaret du « Bon Coin » étaient réunis des charpentiers. Questionnés par Mazi, ils ont répondu qu'on les avait mandés pour abattre les deux arches de bois du pont. « Voyant une si grande quantité de monde, ils se sont consultés les uns avec les autres, disant : Nous n'avons pas envie de nous faire écraser », et ils sont partis.

Sur la place, les Suisses sont restés l'arme au pied pendant quatre heures. Ils sont remontés dans le pays ; personne ne voulant les recevoir, on les a logés trois jours au château. — Quand tout a été fini, Mazi a remarqué, venant du côté de Boulogne, le syndic Gratez, sacristain de la chapelle de Louis Capet ; il prenait une prise, et faisait semblant de tout ignorer.

L'instruction, désormais en bonne voie, subit ici un temps d'arrêt. Le Parquet, surmené, suffit à peine à sa tâche ; les Mique doivent attendre leur tour. Le département de Paris, à la date du 18 février 1794 (18 pluviôse), collabore pour sa modeste part aux machinations des Verquier. « Le 13 pluviôse, lecture faite d'un procès-verbal dressé par le citoyen Halbon, commissaire du département, le 29 frimaire (11 décembre 1793), lors de l'inventaire des meubles et effets après l'émigration de Richard Mique demeurant rue des Orties n° 282, dont il résulte qu'il a été trouvé parmi lesdits effets un paquet de cartes portant des émpreintes contre-révolutionnaires, le département, l'agent national entendu, arrête que les dites cartes, avec extrait du procès-verbal du Citoyen Halbon, seront envoyées par l'agent national à l'accusateur public du Tribunal révolutionnaire. » Fouquier Tinville insère au dossier l'extrait conforme, qui pourra toujours servir. Le jeu de cartes a disparu, mais la description nous en reste. « Trente-deux cartes de deux pouces huit lignes de haut sur un pouce neuf lignes de large, dont huit ayant en haut un as de cœur et sur le côté gauche une inscription qui paraît imprimée à la planche, annonçant la valeur de la carte comme as, roi, dame, valet, dix, neuf, huit et sept. Sur la partie droite un nom, dans le milieu des vers satiriques relatifs au dit nom, et en bas la couronne de France au-dessus d'une épée ; huit autres cartes en carreaux, huit autres en piques et huit en trèfles, aussi dans la même forme que les huit ci-dessus désignées et avec les mêmes attributs. » Le grief mérite une citation in extenso.

Deux mois plus tard, le 19 avril (30 germinal), l'officier de paix Mercereau, domicilié rue de la Montagne du Panthéon n° 46, vient à la rescousse, et offre son concours. « Citoyen Fouquet, en républiquin je vient daprandre que Micque ci devant architecte du tirans devait entrer en jugement. En conséquence, je désirerais aitre entendu contre ce celerat, jé des fais pretieux a communiquer au Tribunal. Salut et fraternité. » Obtint-il . l'audience souhaitée ? Mit-on de côté son épître pour faire appel à son témoignage en cas de besoin ? La déposition précieuse qu'il annonçait n'a pas laissé de traces aux archives du Parquet.

C'est enfin Georges Verquier, peu satisfait des lenteurs de la justice, qui vient la relancer en personne. Fouquier-Tinville prend une courte note : « Le citoyen Verquier, rue du Bac, au coin de la rue de Verneuil, n° 843. Ce citoyen a des renseignements essentiels à donner au Tribunal relativement à l'affaire du prévenu Mique, ancien architecte de la feue cour, et particulièrement attaché à l'infâme Antoinette. Il est extrêmement important d'entendre sa déposition et de l'assigner pour le jour des débats. » Ce document ne porte aucune date ; il se rattache évidemment à une époque où le ministère public devait compter avec des audiences régulières et des auditions de témoins.

Un certain respect de la forme persistait encore, quand on avait mis à part onze lettres saisies chez Simon Mique, pour en extraire un assez copieux relevé de passages compromettants, appelé à nourrir un réquisitoire. Nous avons déjà vu qu'il n'y était question que d'une chose : trouver de l'argent pour les Verquier. On commence par classer ces lettres dans un ordre arbitraire, sans se soucier de la chronologie (la première devient la dixième), et l'on part à la recherche de preuves à travers cette collection de développements devenus incohérents, qui tourne pour nous au casse-tête. Triste besogne d'un sous-ordre obtus et sournois ; elle ferait presque regretter la perfidie plus élégante de Fouquier-Tinville. Toutes les lettres sont de la main de Richard ; on en attribua plusieurs à Simon. Richard désigne par des sobriquets ou des périphrases les gens qu'il ne se soucie pas de compromettre. On se garde bien de noter au passage des inventions aussi ridicules qu'innocentes : « Je désire que le grimacier puisse profiter de l'offre que lui fait la femme du canard. » Mais on relève avec un scrupule religieux tout ce qui sent le conspirateur. « Le citoyen de la rue de Provence cachait des dehors trompeurs... L'homme à la chandelle ne trouvera pas son article rue de Louis-le-Grand... L'homme de la rue d'Enfer... L'homme de la rue Hautefeuille... Le vrai nom de la personne de la rue du Bac... On a vu avec satisfaction que l'homme de la rue de Grenelle a été intéressé aux besoins de notre ami... Hélas ! si toutes les ressources sur lesquelles notre ami comptait lui manquent, que deviendront et les engagements qu'il a contractés avec la dame de la rue de Cléry, et ceux que son affidé doit contracter ?... » Qu'est-ce, au surplus, que cet « affidé » qui reparaît sans cesse, sinon quelque agent secret ? Mique s'inquiète du retard de « la malle » — il avait demandé des vêtements d'été à Versailles — ; c'est la malle poste qu'il attend, avec le courrier des princes. Il y a mieux encore, et une lettre du 9 février l'écrase. « Il faut, autant que vous pourrez, cultiver la personne de la rue de Provence, et tâchez, adroitement, sans faire paraître la moindre méfiance, de savoir ou de connaître l'usage qu'elle a promis de faire de l'étot (*sic*) de serrurier. » Un étau de serrurier, voilà bien l'outil d'un conspirateur ! Reprenons cette lettre, et relisons-la d'un bout à l'autre, plusieurs fois. Où parle-t-elle d'un étau de serrurier ?... Tout à coup, la lumière se fait ; d'une écriture parfaitement lisible et nette, Mique a tracé ces mots : « l'état des services. » Les pauvres hères qui, en arrêtant André Chénier, ont pu prendre certain citoyen d'à côté pour un dangereux aristocrate, trahi par sa particule, ne savaient rien parce qu'on ne leur avait rien appris. Les hasards absurdes d'un roulement les déléguaient en représentants de la section. Mais nous sommes ici au Parquet du plus puissant magistrat de France ; à quel titre ce collaborateur ignare y figure-t-il ?

Interrogé suivant les formes légales, Richard Mique pouvait donner en quelques mots l'explication de tous ces mystères. Il serait téméraire de prétendre qu'il ait jamais pris connaissance de son dossier, et nous ignorons tout de lui depuis son départ des Ormes. Simon, jeune encore, attaché à la vie, croyant par profession à la sauvegarde des lois, ne pouvait atteindre à la clairvoyance stoïque de son père. Transféré de la Force au Luxembourg, il s'avise d'adresser le 9 juin (21 prairial), après de longs mois de détention, une pétition « aux citoyens membres de la Commission populaire », qui formaient une sorte de chambre des mises en accusation, siégeant au Louvre. D'accord avec le Comité de la sûreté générale, ils dressaient la liste des accusés à mettre en jugement, et l'expédiaient à Fouquier-Tinville en même temps que leurs dossiers ; il en est assez longuement question dans le *Thermidor*, de Victorien Sardou. Démarche inopportune, qui d'abord rappelait son existence, et en quels termes ! au cas où on l'eût oublié : « Je dois hâter le moment que vous avez pu fixer pour l'examen de l'acte de justice que j'attends. » Mais aussi, quelle prudence attendre d'un malheureux qui, depuis huit mois, ne connaît plus rien du monde ? Il ne pressent qu'une vérité, et qui n'était pas bonne à dire : il y a du Verquier dans son infortune. « Mon dénonciateur ? Je vous le nommerais. Il a méconnu le respect que l'on doit aux actes les plus solennels ; il a étrangement abusé de l'empire des circonstances. Il est l'ennemi le plus acharné de mon malheureux père, dont il a médité la ruine absolue, et qu'il poursuit encore. Il veut appartenir à ma famille... Je le renvoie à ses remords et à sa conscience. » Les maladresses se succèdent. Il n'en est pas, affirme-t-il, à son premier essai de justification ; il a inutilement adressé — nous n'en saurions rien sans lui — différentes réclamations au Comité de sûreté générale, au Comité révolutionnaire de la section des Tuileries, dont son domicile parisien dépend. Des distinctions de juriste, qu'il renouvelle, s'y développaient comme autant d'arguments acquis à sa défense. Le Comité de surveillance de Saint-Cloud, par exemple, n'était pas compétent à son égard, puisqu'il n'a jamais eu, dans cette commune, « d'habitation, d'intérêt ni d'existence politique. » On a mis les scellés sur ses papiers, et il n'a pas encore été question de les lever en sa présence. Le Comité de sûreté générale l'a incarcéré sans l'entendre. Enfin, il s'évertue, avec gaucherie, à manifester son civisme. Noble sans l'être, il ne possède plus rien à lui. « Mes moyens d'existence se sont anéantis dès l'aurore de l'heureuse Révolution qui nous régénère... J'admire la Révolution ; je la respecte, puisqu'elle est le bonheur de tous, du Peuple mon souverain que j'ai constamment suivi dans ses affections comme dans tout ce qui peut lui déplaire... » Ne nous hâtons point trop de crier à la platitude ! Un Simon Mique, dédaigneux ou muet, ferait évidemment meilleure figure pour la galerie. Mais la dépression morale, le besoin instinctif de se cramponner à l'existence, deviennent ici d'assez valables excuses. Et puis, il n'était pas le seul à se comporter ainsi. Les professions de foi républicaine ne sont pas exceptionnelles dans les cartons du Parquet. Plus d'un détenu du Luxembourg pouvait se proclamer sans mentir partisan de la Révolution, mais d'une Révolution qui n'avait pas prévu la Terreur. Papillon de la Ferté, l'ancien intendant des Menus, exécuté le même jour que les deux Mique, produisait bien pour sa défense de vieilles dictées faites par ses enfants, que ne désavouerait point un de nos manuels d'instruction civique.

Par une malechance suprême, Simon Mique rédigeait sa supplique à la date du 21 prairial, la veille même du jour où devait être promulguée la trop fameuse loi que l'on sait. On y lisait à l'article XII : « L'accusé sera interrogé à l'audience, et en public ; la formalité de l'interrogatoire secret qui précède est supprimée comme superflue. » L'article XVI était plus redoutable encore : « La loi donne pour défenseurs aux patriotes calomniés des jurés patriotes ; elle n'en accorde point aux conspirateurs. » Fouquier-Tinville pouvait désormais, en toute liberté, mettre en scène un de ses chefs-d'œuvre, la conspiration des prisons.

La liste des accusés, qu'il rêvait d'expédier en une seule audience, mais il dut compter avec le surmenage du bourreau — comprenait 155 noms ; Richard Mique et son fils figuraient avec le n° 20 et le n° 21 sur le funèbre tableau. Extraits du Luxembourg à la nuit, le 6 juillet (18 messidor), ils ne firent que passer à la Conciergerie. Cinquante-neuf victimes désignées pour la première fournée prirent place le 19 Messidor, à dix heures du matin, « libres et sans fers », sur la sinistre estrade de la salle de la Liberté.

Bien des drames s'étaient déjà déroulés dans cette enceinte de l'ancienne Grand-Chambre ; un incident poignant marque le début de celui-là.Les accusés se savaient condamnés d'avance. Nul besoin de revenir là-dessus ; la Révolution elle-même, après l'orage de Thermidor, a flétri et châtié les dévoyés qui présidèrent à l'inutile hécatombe. Mais ces hommes et ces femmes, qui n'avaient plus que quelques heures à vivre, par une aggravation de peine effroyable, connurent quelques minutes d'espoir.

L'accusateur public avait pourtant fait, ou cru faire le nécessaire pour que la tragédie suivît régulièrement son cours. Nous trouvons dans les dossiers une assignation (non datée) aux 13 témoins qui, après avoir « prêté serment de dire et déposer la vérité », accableront les conspirateurs par le récit de la fable convenue. Il y a parmi eux 9 détenus, dont Boyenval, Beausire, l'ancien complice de la prétendue baronne d'Oliva dans l'affaire du collier de la Reine, Benoît, Verney, tous *moutons* notoires qui comparaîtront aux côtés de Fouquier-Tinville dans le procès du 28 mars 1795; Boyenval, Benoît et Verhey seront même condamnés à mort. Mais il y a aussi deux porte-clefs qu'on assigne à l'aveuglette, sans indiquer leurs noms. Les scribes pourvoyeurs de la guillotine bâclent déjà leur besogne. On a mis en lumière les vices de forme qui entacheraient de nullité la condamnation des prétendus conspirateurs ; ils n'ont pu s'apercevoir et vraiment souffrir que des conséquences imprévues d'un expédient criminel.

En effet, le porte-clefs attendu n'a pas été touché par l'assignation. C'est un autre qui se présente à sa place, honnête homme, ou sous-ordre formaliste, incapable d'admettre l'existence d'une conspiration dans une prison bien tenue. On se représente la rage de Fouquier-Tinville, qui requiert son arrestation immédiate; le tribunal lui-même perd la tête, au point que l'ordre d'incarcération désigne le maladroit sous deux noms différents ! Que se passe-t-il pendant qu'un exprès se hâte vers le Luxembourg pour en ramener le complice indispensable ? Le procès-verbal, bâclé lui aussi et incomplètement rédigé, ne mentionne aucune suspension d'audience. On n'ose pas supposer que, pour dissimuler l'odieuse méprise et occuper l'attention des tribunes, le président ait procédé à l'interrogatoire des accusés en attendant le principal témoin à charge. Mais, sans en rien savoir, on est bien sûr que pendant ce court répit les malheureux vibrèrent d'une espérance folle, et qu'ils se reprirent à croire, ne fût-ce qu'une minute, à la justice des hommes. Brève et terrible illusion. Le véritable faux témoin apparaissait à la barre, et récitait sa leçon sans se tromper. Les jurés répondaient par une déclaration affirmative à la question posée : « Sont-ils convaincus de s'être déclarés ennemis du peuple en conspirant contre la liberté, la sûreté du peuple, provoquant par la révolte des prisons, l'assassinat et tous les moyens possibles, la dissolution de la représentation nationale, le rétablissement de la royauté et de tout autre pouvoir tyrannique ? » Le président Dumas prononçait la sentence de mort, la confiscation des biens des condamnés, et ordonnait l'exécution du jugement « dans les vingt-quatre heures, sur la place dite Barrière de Vincennes. »

Le procès-verbal de l'exécution, signé par un commis du secrétariat à la date du même jour, n'est qu'un texte banal. Comme les autres, elle dut avoir lieu vers la fin de l'après-midi. Sanson arrivait d'ordinaire au Palais après trois heures ; la Conciergerie se trouve à une bonne lieue de la place du Trône. Selon l'usage, on voitura les corps des suppliciés à la fosse commune de Picpus, dans le lugubre petit enclos au seuil duquel se dresse aujourd'hui la stèle d'André Chénier.

Aux termes du réquisitoire de Fouquier-Tinville, les victimes de cette journée ne se distinguaient en rien de beaucoup d'autres. « Les moyens étaient les mêmes que ceux des conspirateurs déjà frappés du glaive de la loi : l'assassinat des concierges et gardiens de la maison d'arrêt, l'assassinat des membres du Comité de salut public et de sûreté générale, des patriotes qui se sont voués avec le plus de courage et d'énergie à découvrir les conspirateurs et à en purger le sol de la liberté, enfin la dissolution de la représentation nationale et le rétablissement de la monarchie. Le despotisme, le fanatisme, l'athéisme et le fédéralisme sont réunis .

pour ces exécrables forfaits. » L'accusation procédait d'une généralisation assez audacieuse pour qu'on y discernât malaisément la part de chacun des cinquante-neuf condamnés. Deux d'entre eux, cependant, ont pu comprendre pourquoi ils allaient mourir : le dernier mot de l'affaire Mique devait être dit par le bourreau.

La vindicte du Tribunal révolutionnaire impliquait pourtant une sanction complémentaire ; la confiscation des biens ne figurait point aux arrêts de mort comme une simple clause de style. Le 22 Messidor, trois jours après l'exécution de Richard Mique, Fouquier-Tinville écrit aux citoyens administrateurs du département de Seine-et-Oise, et les invite « à faire les diligences nécessaires pour procéder à la séquestration des biens de ce condamné, déclarés acquis à la République, qui sont situés dans l'étendue de ce département. »

L'accusateur public ne s'aventurait pas à la légère. Avertis par l'alerte du 10 août, dont la rue des Orties-du-Louvre ne percevait que trop nettement les clameurs, les Mique avaient réuni à Versailles, en un modeste logis d'un quartier discret, leurs objets les plus précieux. L'inventaire des meubles et effets de Mique père et fils, dressé au n° 13 de la rue des Tournelles par les commissaires du Directoire du District, se poursuivit du 25 Messidor au 2 Thermidor. A la date du 23 Fructidor, la prisée des seuls « objets de sciences et arts » s'élevait à la somme de 24.027 livres, dont 20.394 pour Mique père.

Les commissaires ne sont pas les premiers venus ; ils rédigent leur catalogue en gens de goût, s'attardant aux morceaux de choix avec une complaisance de connaisseurs. Ils classent en première ligne « deux vases en porphyre vert des Vosges, forme oves, garnis au cul de lampe de feuilles d'acanthe, deux serpents enlacés formant les anses, ornés aussi de guirlandes de fleurs attachées par des rubans, posés sur des colonnes de marbre cervelas, lesquelles ont pour socles des marbres noirs, petit antique. La base est ornée d'un boudin de lauriers grainé ; tous les dits ornements sont dorés d'or moulu ; cinq pieds quatre pouces. » Viennent ensuite « deux vases en porphyre cendré des Vosges, les mêmes ornements que ceux du numéro premier, à l'exception des anses qui sont formées de têtes de béliers, les colonnes même marbre. » Chaque paire de vases est estimée 3.600 livres. Les bronzes sont représentés par « un Louis XIV, modèle pour la place ci-devant Vendôme, 14 pouces de long sur 22 de haut, 800 livres ; l'enlèvement de Déjanire, 25 pouces de haut, 1.200 livres ; les deux enlèvements des Tuileries, l'un celui de Proserpine, l'autre d'Orythie par Borée, 25 pouces de haut, 2.000 livres ; un buste d'Henry quatre, socle de granit des Vosges, 18 pouces de haut, 500 livres. » Un groupe de biscuit de Sèvres — Renaud et Armide — « sur son socle en bleu turquin et sous son bocal en verre bombé » est estimé 120 livres. Les tableaux forment une intéressante galerie. On y relève deux bonnes copies : une toile d'après Téniers le vieux, « représentant la boutique d'un apothicaire où l'on voit plusieurs blessés que l'on panse », et un panneau d'après Breughel. Les œuvres originales, assez nombreuses, rappellent des noms célèbres ou connus : le

Sommeil de l'Amour, par Trémollière ; un paysage avec chute d'eau, de Pillement. Deux vues des Cascades de Tivoli, par Châtelet ; quatre toiles du même, « représentant des vues du jardin anglais du Petit Trianon ». Juge au Tribunal révolutionnaire, — condamné lui-même et exécuté le 7 mai 1794 — Châtelet aurait fort bien pu siéger à l'audience du 19 Messidor. « Des fleurs dans un pot, lequel est sur un piédestal », par Jean-Baptiste Monnoyer, dit Baptiste. « Un tableau sur cuivre forme octogone, représentant un amour brûlant son arc et ses flèches », par Claudine Stella. « Un tableau peint sur bois par Bilcoq, représentant un enfant jouant avec une petite seringue » ; l'œuvre figurait au Salon de 1789 avec la mention « appartient à M. Micque ». L'Amour endormi, de Challes, le gendre de Nattier. Un dessin « en bistre sur papier blanc, représentant l'Adoration des Mages, cintré du haut, et projeté pour la chapelle de Bellevue », portait la signature de Doyen, un des élèves de Carle Van Loo. Les commissaires passaient rapidement sur des œuvres de second ordre, mais n'oubliaient pas de mentionner « un piano forte dans sa boîte en bois d'acajou, encadré d'ébénisterie ; une harpe dans sa boîte de bois blanc ; un petit télescope monté en cuivre ; un faisan de la Chine dans sa cage de verre ».

Les opérations sont conduites avec méthode ; on ne perd pas de vue, en haut lieu, les biens confisqués. Le 25 nivôse an III, commissaires et experts se présentent aux dépôts du District pour classer définitivement les objets saisis rue des Tournelles. Le meilleur lot ira au Garde-Meuble, comme propriété de la Nation ; le reste servira « aux échanges et à l'exportation. » Interviennent dans cette liquidation : la Commission du Commerce et Approvisionnement, la Commission des Revenus nationaux, la Commission temporaire des Arts ; un commissaire artiste du District de Versailles, et des commissaires estimateurs de Paris.

Il était bien spécifié que les objets « nécessaires à l'instruction publique » demeureraient acquis à la Nation, avant tout partage. Les livres de Richard Mique ne devaient donc pas passer aux enchères ; le catalogue des 890 volumes saisis figure, parmi beaucoup d'autres, à la section des Manuscrits de la Bibliothèque de

l'Arsenal. Parcourir ce procès-verbal, c'est pénétrer un peu dans l'intimité d'un artiste « honnête
homme » de la seconde moitié du xviiie siècle ;
on ne saurait en dédaigner l'occasion. Quelques
titres d'un intérêt personnel pour Richard
Mique ; un livre de prières à l'usage de MM. les
Chevaliers de l'Ordre de Saint-Michel, les Sta-
tuts du même Ordre (1725), l'Histoire de Stanislas Ier par l'abbé Proyart (1784), la « Relation du voyage de Mesdames Adélaïde et Vic-
toire à Plombières depuis leur départ de Marly
le 30 juin 1761 jusqu'à leur retour à Versailles
le 28 septembre de la même année. » L'adepte
des formules néo-classiques se reconnaît aux
œuvres de Vitruve et de Scamozzi ; on s'étonnerait volontiers de ne pas trouver ici quelque
trace de Palladio, dont il a subi si manifestement l'influence. Il est vrai qu'il possède les
Edifices antiques de Rome dessinés et mesurés
par Antoine Desgodetz (1682), le *Parallèle de
l'Architecture antique et de la moderne*, par
M. de Chambray (1689), et l'*Ordonnance des
cinq espèces de colonnes selon la méthode des
Anciens* de Perrault. L'*Architecture* de Phili-
bert de l'Orme (1598), les traités de Bélidor,

Blondel, Briseux, Sébastien le Clerc, Courtonne, Jombert, le Pautre, Thomassin, complètent ses ressources techniques. L'*Art de former les jardins modernes, ou l'art des jardins anglais*, traduit de l'anglais (1771), évoque le paysagiste du Petit Trianon. Les lettres pures sont représentées par les grands classiques ; pour l'antiquité, Homère, Platon, Plutarque, Xénophon, César, Cicéron, Horace, Virgile, Juvénal et Lucain ; pour les modernes, Corneille, Racine, Molière, Boileau, Bossuet, la Bruyère, Fénelon, Montesquieu, Voltaire, Buffon, J.-J. Rousseau. Des œuvres de Fontenelle, Rollin, Florian, Chamfort, Marmontel, Parny, Collé, Crébillon complètent la liste ; les littératures étrangères la terminent avec Don Quichotte, le Paradis perdu, la Jérusalem délivrée, quelques traductions de Sterne et de Gessner.

Objets d'art et livres n'intervenaient que pour une part dans l'actif de Richard Mique. Il y avait encore des armes damasquinées, plusieurs épées dont une de deuil, de précieuses tabatières, des boîtes d'écaille et de galuchat, un couteau de chasse, des instruments de mathématiques, un microscope, une collection d'estampes, un abondant mobilier, et enfin une riche garde-robe — vêtements de velours noir, de drap vert, gilets de satin et de drap violet, manteau écarlate, etc... Ces détails nous sont connus par les procès-verbaux des ventes publiques du 8 pluviôse et du 6 ventôse an III, qui rapportèrent 21.216 livres 13 sols. N'oublions pas que le lot « acquis à la Nation à la requête du citoyen employé au Dépôt des Sciences et Arts » se montait déjà à 20.394 livres. Quant au passif, il était représenté par deux créances. La veuve Marco, demeurant à Paris, cour des Fontaines, près le Palais Egalité n° 1112, réclamait 1.500 livres pour 18 mois de loyer de la maison de la rue des Tournelles, à Versailles, et 260 livres pour réparations locatives. La citoyenne Geneviève Dupont, domiciliée à Versailles au n° 26 de la rue Satory, faisait valoir ses droits au paiement de 1.250 livres « pour 15 mois échus d'une rente foncière au principal de 20.000 livres par contrat passé chez le Roy et son confrère, notaires à Versailles, le 29 mai 1793, an II de la République... » Nous savons qu'à cette date Richard Mique venait d'être définitivement condamné à verser 5o.ooo livres de dommages et intérêts aux Verquier, et qu'il cherchait de l'argent de tous côtés pour échapper à leur persécution.

Les minutes du commissaire priseur portent les noms des acquéreurs ; on y relève, avec une surprise mélancolique, ceux de la veuve de Richard et de la veuve de Simon, présentes à cette destruction de leur foyer. Elles ne sont pas venues à la vente, ces deux victimes, pour disputer aux enchères quelque bibelot précieux, témoin des bonheurs disparus. La ci-devant châtelaine des Ormes et sa bru sont maintenant de pauvres femmes, qui voudraient bien remonter leur ménage à peu de frais. Deux chenets, deux pelles, une pincette, un vieux tourne-broche, un soufflet, une lèchefrite, un gril, deux chevrettes, deux chandeliers en fer, un grand bocal de verre vert, douze assiettes ; telles sont leurs acquisitions. Le tout ne vaut pas plus de 45 livres.

Quelques jours encore, et un peu d'espoir leur sera permis. Le 20 mars 1795, Boissy d'Anglas proposera à la Convention l'annulation de tous les arrêts du Tribunal révolutionnaire postérieurs au 22 Prairial. Les morts, hélas, étaient bien morts ; mais les vivants pourraient du moins poursuivre la restitution de quelques restes des biens confisqués, retrouver de chers souvenirs échappés à la dispersion des enchères. La veuve de Richard Mique rentre en possession de plusieurs bijoux ayant appartenu à son mari, dont « une tabatière d'écaille noire avec cercle, représentant Capet, sa femme et son fils ; une tabatière d'écaille ciselée à gorge et cercle d'or avec le médaillon du feu tyran de Pologne ; trois étuis en galuchat vert dont un renfermant un compas en argent et acier, les deux autres renfermant chacun un pied dont un d'ébène et l'autre de baleine garnis en argent... » Le 9 Germinal, sur l'avis favorable du Directoire du District de Versailles, le Directeur de l'agence nationale de l'Enregistrement et des Domaines autorise les veuves Mique « à reprendre les effets ou bijoux qui leur appartiennent en propre dans les biens mis sous scellés. »

Mais la vengeance des Verquier, enfin disparus de la scène, était bien complète, et plus forte que la bonne volonté des bureaux, impuissants à rendre aux malheureuses femmes leur aisance évanouie. Les victimes de leur genre sont trop nombreuses et le trésor public est trop pauvre pour qu'elles puissent espérer une réparation à peu près satisfaisante. Multipliant les pétitions et les démarches, elles s'évertueront pendant des années à retrouver quelques bribes de leur avoir dilapidé. La veuve de Simon Mique obtiendra, le 22 Thermidor an III, 5.053 livres 85 centimes, reliquat de la vente de son mari ; on lui restituera aussi, le 1er Brumaire an IV, « 30 actions de mille livres de la Compagnie de la Guyane française » ; le geste seul avait, n'en doutons pas, quelque valeur. La levée du séquestre existant sur les biens meubles et immeubles dépendant des successions de Richard et Simon Mique n'est prononcée que le 18 Fructidor an X, et avec cette restriction que leurs héritières ne pourront prétendre à aucune indemnité pour les propriétés qui se trouveraient aliénées. » Le 6 Pluviôse an XI, le Ministre de l'Intérieur mande au Préfet de Seine-et-Oise qu'on n'a pu retrouver aucun livre de la bibliothèque de Richard Mique ; en revanche, le Directeur général du Musée central des Arts est autorisé à livrer ce qu'il pourra, dans la catégorie des objets d'art.

M. le Directeur général n'avait sauvé du naufrage qu'un tout petit nombre de tableaux, estampes, médaillons et médailles ; mais une déception complète ne fut pas infligée à la veuve de l'architecte. Fontaine rapporte très simplement dans son Journal qu'aux environs du Sacre il eut la chance d'obtenir pour elle, à titre de dédommagement, une indemnité de 8.000 francs prélevés sur la cassette impériale ; — acte de brave homme, dont se souviendront les amis de Versailles pour ne pas lui reprocher trop sévèrement d'avoir, en d'autres temps, qualifié de « masures bâties sur les dessins de M. Mique » les charmantes fabriques du Hameau de Trianon.

On venait en effet de remettre la main sur les quatre vases en porphyre des Vosges, fort prisés déjà des commissaires de l'an III, mais on prétendait bien ne s'en point séparer. Le Garde-Meuble s'était avisé de les expédier aux Tuileries, quand il avait fallu décorer les appartements du Général Bonaparte, Premier Consul.

PIÈCES JUSTIFICATIVES

I. Lettre du soi-disant Mique. (Arch. nat. T 630.

Monsieur,

ma croiance me suret mais
je ma prenois du contraire
vous ne trouvrés pa mauvais
que je vous le fasse connettre
vous tant à ma peine je ne tien
pas à la vôtre mechand pour mois
et mes anfans à jeun dénaturé
je paroi que Dieu vous benith
malgui je veux vous, quil mourir
et toutte la famille vous nette
pa moin mons frere a dieux
Barbar dénaturé vous et vôtre
famme vous deverougire sare
charge pain nos jeun à dieu
se serras vous avé causé la mort
de ma famme fatal moment
pour mois à dieu frere pour
tous jour   Mique dadichu

II. « Cy a côté est de l'écriture de Claude Mique à l'âge d'onze ans ou environ, qui était alors en pension chez Gauché à Nancy... » (Arch. nat. T 630)

III. « du 22 novembre 1743. Accord amiable avec le sieur François Didelot entrepreneur demeurant à la Neuve Ville près Nanci... Écriture de la main du Sr Claude Mique. » (Arch. nat. T 630).

M. Jules Eloy, expert près le Tribunal de 1re Instance de la Seine, a eu l'extrême obligeance de procéder à l'examen des documents dont nous donnons la reproduction. Sans avoir reçu aucun éclaircissement concernant leurs auteurs, le savant graphologue a formulé les conclusions suivantes :

Pièce n° 1. Homme fort peu sympathique ; moralité faible ; est dominé par le manque de jugement provenant de sa complexité, de son égoïsme et de sa tendance à la colère. Erreurs de conduite répréhensibles, que sa vanité le porte à cacher par des mensonges.

Mauvais instincts non réprimés et devenus tyranniques. Est-il gourmand, ivrogne ? c'est possible, et s'il est joueur il ne se privera pas de tricher. Aurait pourtant assez d'énergie pour réagir et se corriger.

Très avare et avide de jouissances matérielles.

Pièces 2 et 3. Caractéristique dominante : une constance inébranlable, accompagnée de calme, de franchise et de correction. Haute moralité. Intelligence ornée de dons naturels ; sensibilité d'esprit et lucidité concentrant les pensées jusqu'à la précision. Délicatesse de sentiments et de mœurs. Bon, affectueux, fidèle. Conscience de sa valeur. Très beau caractère.

SOURCES

———

Archives nationales. *Collection Rondonneau : AD 1, 27-AD XX ᵃ, 248.*

Secrétairerie d'Etat, Directoire exécutif : AF III, 75.*

Police Générale, Comité de Sûreté générale : F 7 4731.

Police, questions diverses, arrestations, plaintes : O 1 361 (8, 41, 48, 49, 62, 65, 238, 284, 285, 286, 287, 289).

Lettres du Ministre de la Maison du Roi aux autres Secrétaires d'Etat, aux Cours, aux Intendants, etc. : O 1 418 — O 1 422 — O 1 423 — O 1 425.

Lettres du Ministre de la Maison du Roi à diverses personnes, au sujet de demandes ou placets : O 1 590 (286) — O 1 591 (1057).

Lettres et placets adressés au Roi ou au Ministre de la Maison du Roi par divers particuliers : O 1 596 (267).

Les Trianons, travaux et dépenses : O 1 1876.

Beaux-Arts, Correspondance : O 1 1909 4 (44, 45, 46) — O 1 1911 (27, 28) — O 1 1911² (60) — O 1 1911⁴ (135, 147) — O 1 1912 (138).

Prévôté de l'Hôtel, administration générale : O 1 3700.

Prévôté de l'Hôtel, Affaires particulières : O 1 3704.

Prévôté de l'Hôtel, Registres d'écrou : O 1 3706 A.

Chartes de la Chambre des Comptes, Enregistrement :
P 2597.

Séquestre des particuliers, émigrés et condamnés :
T 630.

Conseil privé. Minutes d'arrêts : V ^{6} 1080 — V ^{6} 1090.

Tribunal révolutionnaire : W ^{1} 409 — W $^{1\,A}$ 93.

Marine ancienne : B ^{4} 57 — C ^{6} 80 — C ^{6} 89 — C ^{7} 210.

ARCHIVES DE SEINE-ET-OISE. *Emigrés :* Série Q.

Prévôté de l'Hôtel du Roi : Greffe, 1782.

Recueil de chansons, anecdotes, etc... T. VIII (1744-1783) E5c IX. 1.

ARCHIVES D'ILLE-ET-VILAINE, 1 Q 312-313.

ARCHIVES COMMUNALES DE SAINT-MALO. LL 121-144.

BIBLIOTHÈQUE DE L'ARSENAL. *Manuscrits :* 5387 (T. VII).

ASSISTANCE PUBLIQUE. *Entrées de l'Hospice de Bicêtre.* 110e liasse. 71.

INÉDITS. *Journal Manuscrit de Durival,* communiqué par M. Christian Pfister, Recteur de l'Université de Strasbourg.

BIBLIOGRAPHIE

G. Desjardins. *Le Petit Trianon.* Versailles, Bernard, 1885.

Pierre de Nolhac. *Le Trianon de Marie-Antoinette.* Manzi-Joyant. 1914.

A. Hachette. *Le Couvent de la Reine à Versailles.* Laurens, 1923. Préface de L. Hautecœur.

H. Wallon. *Histoire du Tribunal révolutionnaire de Paris.* Hachette et Cie, 1880.

Paul Bru. *Histoire de Bicêtre.* Paris, 1890.

Chassin. *Études documentaires sur la Vendée et sur la chouannerie.* Dupont. 1900.

Chr. Pfister. *Histoire de Nancy.* t. III. Berger-Levrault. 1908.

Sagnac. *La chute de la Royauté.* Hachette et Cie. 1909.

P. Bouchardon. *La fin tragique du Maréchal Ney.* Hachette et Cie. S. d.

H. Malo. *La grande guerre des corsaires.* Emile Paul.

Lemonnier. *Procès-verbaux de l'Académie d'architecture.* T. I. — *Revue de France,* 15 janvier 1927 (les derniers jours de l'Académie royale d'architecture).

Morey. *Les Statuettes dites de terre de Lorraine.* Nancy. 1871.

Bellier de la Chavignerie et Auray. *Dictionnaire général des artistes de l'Ecole française.* Renouard. 1882.

G. Durand. *Monographie de l'Eglise Notre-Dame Cathédrale d'Amiens.* 1901.

Dardenne. *Essai sur Paul Louis Cyfflé.* Bruxelles. 1912.

Gazette de France : 7 août 1745-2 octobre 1772.

Mercure de France : Août 1745.

Bachaumont. *Mémoires secrets pour servir à l'Histoire de la République des Lettres en France.* Londres. 1786. T. 29.

Métra. *Correspondance secrète.* Londres. 1787. Tomes V et VI.

Almanach Royal. 1791.

Mercier. *Paris pendant la Révolution.* (Chap. xxxiv). Paris An V.

Courrier républicain du Décadi, 20 Messidor. Bibl. nat. L C² 800.

Procès-verbaux de l'Assemblée nationale — de la Seconde Législature — des séances du Conseil des Cinq Cents. Imprimerie Nationale.

Des Essarts. *Choix de nouvelles causes célèbres.* t. V. Paris. 1785.

Douarche et Casenave. *Les Tribunaux civils de la Révolution.* 1905.

Précis signifié pour le sieur Richard Mique... etc. Bibl. nat. 4° F3, 34731.

Dénonciation faite de Richard Mique, etc. Bibl. nat. L n²⁷, 14220.

Guyot. *Répertoire de Jurisprudence civile et criminelle,* Paris. 1784.

Mémoire justificatif pour Victoire Salmon, 1786. Bibl. Carnavalet. 604, 254.

A. Le Corbeiller. *Le long martyre de Françoise Salmon.* Perrin. 1927.

Nicolas Ehrsam. *Livre d'or de la Ville de Mulhouse.* Nouvelle édition revue et augmentée par Louis Schoenhaupt. Mulhouse. 1883.

Ch. Denis. *Inventaire des Registres de l'Etat civil de Lunéville* (1562-1792). Nancy. Berger-Levrault. 1899.

Général Mennessier de la Lance. *Notice sur la famille Mique.* Saint-Dizier. 1917. (Tirage à 27 exemplaires.)

Journal de la Société d'archéologie lorraine. 1860.

Revue de Paris (le Journal de Fontaine, L. Batiffol). 15 avril 1911.

Revue Historique. T. 133. 1920.

Illustration. 16 novembre, 23 novembre, 30 novembre 1907.

Matin. 31 décembre 1907.

TABLE DES MATIÈRES

. . . .   v

I. — Les débuts de l'imposture et les tribunaux lor-
   rains   1
II. — Le Conseil d'État et les défaillances de l'opinion.   55
III. — La Prévôté de l'Hôtel   105
IV. — Les tribunaux civils de la Révolution   153
V. — Le tribunal révolutionnaire   199

Pièces Justificatives   247
Sources   253
Bibliographie   255

E. GREVIN — IMPRIMERIE DE LAGNY — 1928.